T0128265

Perplexing Puzzles (circle a word) with Intriguing Topics

May my uplifting energy and enthusiasm, for the puzzles, flow freely through you as you work the puzzles.

"May the puzzles peak your interest to such an extent that you try something new."

Nicole Rachelle Sprankles

Please look for other books by this author.

PERPLEXING PUZZLES (CIRCLE A WORD) WITH INTRIGUING TOPICS

iUniverse books may be ordered through booksellers or by contacting:

iUniverse
1663 Liberty Drive
Bloomington, IN 47403
www.iuniverse.com
1-800-Authors (1-800-288-4677)

ISBN: 978-1-4917-8639-0 (sc)
ISBN: 978-1-4917-8638-3 (e)

Print information available on the last page.

iUniverse rev. date: 01/14/2016

Contents

Machine Processes

```
M I L L Z O V U I D D A B M A G B N
G E W A S M A S S E C O R P N L M O
N H U G E L L I F N A U F I A G S C
I T O T N P L A N I N G K I N A A A
R A A E O I B O G K N R R I W S G S
R L G I H R P N E I O E N I T M N I
E B N T C T I M H W T R N O S U I P
T O I H E L A C A A U G C S H C R R
S P H Y I C A L M T N N S G I E E O
A R S F H O H V G O S I B N C N T C
C O I I R A G N O L K D S I O B N S
I C N B G E I N O M L N S M R R I B
N E R A O L V O I L E I O A P E S L
U S U R L R Z I B T O R M E K S L O
O S B I E Y I M T N S G D R Y A S T
C E M N O A X N C I L A Y O T L A F
A S H G E P R A G O D I C H I Y B E
N O I T A C I R B A F D E G C H O R
S H A E N U J G N I E N A I T Y K W
```

LATHE (2)
MILLING
TECHNOLOGY
TURNING
FILING
REAMING
BROACHING
GRINDING
PLANING
BORING
SAWING

MACHINE
METAL
WORKING
PRECISION
MATERIAL
BURNISHING
ADDITIVE
CASTING
STAMPING
FABRICATION
REMOVAL

Board Games

O X Y I G E A Z O C F W C D O H Y W O Z A S U

B E T W I B F P E P A H H A S F N A B R E U F

D Z F S S R E I E D E R Z N N O T F E L R Y U

E D E N A R E R L S B B R E M E R C B I A W O

O L I G A I F A S I E N S M S Y Y R E H A E H

Y B B T H E M D N B M B A S L E A D Y N E F F

W W I U C E N G D T A G U O E M D X I Z N O S

I O P T O X O O R A K T P C L J Y A T A B O T

N D I A R R I K I C L O T E I W E H R U G I C

I O T G R E T B A T N D Z L F M A N D A U S H

N F E Y I T C B G O A B N O E Y M N G S H E R

F E U O R W E U M R X V I A N S A U R A D C Y

O L L A K A N S E C A N A B S L H U R T A C I

X E C B I Z N A U C M S U R Y E P I T S X A S

X R V B B Y O O F O H S I D G L T U P A W K E

F I S O C A C E I M M E N W A G D U H N C O B

A S W E L L R F B T E A B I T T A C H A A F X

G O H S R E K C E H C M V E P A H S J C S O U

Y C E X H I A R S U E I A O B N R E T S I W T

F U Z D U R A G I F R M P G D R E F M T I R F

O W E Q O M D I H T A N Y X I Z A J D W E B B

BACKGAMMON
MONOPOLY
TRIVIAL PURSUIT
CONNECT FOUR
AGGRAVATION
RUMMICUBE
PICTIONARY
MOUSE TRAP
CHECKERS
YAHTZEE
TWISTER
TROUBLE
BATTLESHIP
OPERATION
CHUTES AND LADDERS
CANASTA
CANDYLAND
SORRY
CHESS
LIFE
BINGO
JENGA
CLUE
PERFECTION
SCRABBLE

Baseball

A J Y T D S E R N I W N H R T N I L R D A E H

O C S T U R C K C A L B L D E E A L A H E K O

A P S L I E A C Y D I L A O T L T R I B E C U

L Y R T L D J L I L A Y C O D U H T E L L O B

F R E O C L O K A B O E T W U E B E O K I A O

L M G P L E U F T K M C B Y Q C H U E K N H K

O O N S D I T S E C L N A R T R B O L M E I T

R S A T U F A T E D V U E R E N A E K I R T S

M I R E C F A B O O M R N E V G O T C F W Y L

R A L E I U N D H K H R E K R V H S U G B O B

G F L W G Q G T S L E E T H U O E H N C T G A

Y L R S Y D E Q A E T T E N C D U I K H N S J

M O L K J R O E E S H E E A A T T Y M I O T N

J A K A B A W D K O N J I M A T A P H A L J K

Q U E Y B L E O N U M M O L A S J C Y O L I E

T Y C I U E D U A O E I V B L Y T I O C A W U

A B E J A I S K Y S R B E H M I T Y R F T C Q

I B M V S L A A T A B A L C P A W A O H B U L

D N E I B Q U E B N L C A N H T J K U C D K A

WILLIE
HONUS
JETER
TEKOTTE
JOHNSON
AARON
KERRY WOOD
FIELDER
BASEBALL
PITCH
YANKEES
DODGERS
RANGERS
SWEETSPOT
PITCHING
CATCHER
CURVE
KNUCKLE
SINKER
STRIKE
BATTING

Chocolate

B U T T E R R A C Y L R A H C A R A Z L E A Y Z

A R U A D I T E L O R R A L L Y A E I I T R I E

R A E R R U H I S J H E A C U H R S S A N M A N

R H O O Q E Z E W E H R U B A O L U G E U D A I

G I K A R U G G A T K A Y A D Y A P H U E I K Y

O S I S U K E N U T R G O L K O Y H E A X S N M

B A H I L I D R I F I T U R C O O K A T T I O N

R E M I N A Y B A F O L A U J I E G O H I M W O

Y E M A H B L A C K R D L D O V P P R I L E Y T

R A D F A C I E M R L E N A I A X E T M H C O L

U R Y B B A N U K A R O T F C M E H O C S A S S

B U R R Y N K U I C M N E T M M R U N L S R K A

R A H E U L I C R L A K F R U E A O C A E G A H

A L O T L B E U A C A R E S A B T H I K A N U M

B E R R A P D U N T S I K L I S G O C T U C A R

T M T I S E C A N U W E L B E K O I T T C R R Y

M A V A Z E H N C E T U L L I G N L R R A I A A

M R G O K L N A B E V E R T U S A A U T I W N D

B A G A L T R R E S S A E B S I G L H V Y O M S

R C T R I A I R N A H D H V I E L O N K U N E I

Y T A L M O S K L C E N N T O C N E L L Y K A Y

A L O E P C E T A R I L S U F D E I E T M A Y T

L E L A C A T S E R A B S T O I M P A V R J P F

N L O L H E C A R K I H E D A M F O S T O F H I

O F I F H C T A W A T H C Z M A R C I Y A D A F

TTERFINGER

ICKERS

ARLESTON CHEW

LKY WAY

ARK

OR

ATH

ARATHON

RO

SEES

MR GOODBAR

WONKA (2)

HERSHEY

SPECIAL DARK

MARS

FIFTH AVENUE

DOVE

OH HENRY

TAKE FIVE

PAYDAY

BABY RUTH

KRACKEL

ALMOND JOY

NESTLE CRUNCH

THREE MUSKETEERS

CARMELLO

WATCHAMACALLIT

NUTRAGEOUS

TWIX

KIT KAT

Spanish Occupations

```
L O K I S S I L O V E H U G S J J E L
N H A E N Y C I S L N E R N L M A C H
H E R D G V D C A T Y O N C E B R U Y
N K O T L U I G H I S T O R I A D O R
U E H R O D A C S E P O E S E S I N J
Q N T D G S L L F I G R L H A S N M W
Y O R E I N E G N I R T B D T I E E O
K C A L D I K T L H A S N L A K R S L
T W B E R O O L T K N I D U P D O O B
E R A C K R O U F E J N A E S L O N R
N V J T P E R T F C E I T T P R D E O
A E O R H N E N F E R M E R A O R R T
O T R I R I M Z O C O L O R E T R A C
L E S C R R O S E F O R P D H C D O E
A A W I O A L A D E A D T E I O S Y R
I N E S T M P B H N R E N B I D R E I
C V A T U R L N S E N S P I R T C N D
P C G A P R A X R K A N D G H A R R P
```

ARTISTA
ELECTRICISTA
DOCTOR
TRABAJO
INGENIERO
GRANJERO
HISTORIADOR
DIRECTOR
POETA
SOLDADO
MINISTRO
ENFERMERA
PLOMERO
CARTERO
PROFESOR
MARINERO
PINTOR
MESONERA
PESCADOR
JARDINERO

Italian Food

D C J E T S E M U K C O J O T R A C K C O R
A H U F A V A C I G I M T N E I F A N T S A
M E M F O R E T E G A S O N P A N I N I N G
S E T L I D T R G H E T O I W O I R M T A G
E S I N B O E A M P K R G H C I L R A G S I
L E A F C O M R A I T G R I N Y S E F I E A
T R T I A R I N F S C S S A C O T U N A M N
A T N N O R G F E L L E S E V J G I O T R T
T A F F Y S E N U N A S L I N I S V N U A M
M M O S N K I G O F F A U L K S O U I N P H
G N N A T M E R G C U C P L I L E L N T P O
G K A L I N I F I R C I E R T O L E I F A M
R R P S L S N S U D N H G S N E O T S E P S
E I M E O C I N A Z A Y I O I C A P I R T O
A M I T I Y T A I C U T I R L F E N T T L C
T S T O V E S M M A O R A V D L O H P I N B
E O X T A S O O L R R I G L L T A X T U R M
M C R A R N R D T H R I A W A S I T N U K D
B I T T I R C E E F U S W G U S E M S I T R
E L L O A S L R V S A H I E N H N C P A I A
T R V A E L I F U G E R O F G O H I E A B H
N A Y K I T B L N H G I F A V E T U V E N A
E G A N T I P A S T O P P O T E V T U B G O
F F I R E L L E R R I S O T T O C I L R A G
Y X E L I M S B T G U D A I F F O R T V U L

ANTIPASTO
BRUSCHETTA
CROSTINI
FORMAGGIO
LASAGNA
MANICOTTI
MARINARA
MINESTRONE
PANINI
PESTO (2)
RAVIOLI (2)
POLENTA
SPAGHETTI
TORTA
PARMESAN
GNOCCHI
PINZIMONIO
TIMPANO (2)
FRIARIELLI
RIGATONI
TORTELLINI
VERMICELLI
ALFREDO (2)
RISOTTO (2)

Tools

J A H G U O D R I C K T E Y I S T A
E L A X L K D I R T A W E V I C O L
T H I K N E T M E C A L I K R A N A
A F N I A T E L L A M U T O C S A E
T A F Y W C L A M P I S W U Y O M D
S E A T A K L O E M E B K Y D O S E
J Y N I S S E L N I A T S T G C E E
O I H L K C A X E R I M A H U K N W
W D C I C U R M A R R E L I F L I A
A D N T A P R E M M A H E G D E L S
V H E U H D I K W O S A S E T C E D
Y O R S O L Y P C D I V I N E F R N
T L W E S P L I Z I R O H I H H I A
A O L S L I M V A V D I C E C C A H
L Y R I T N I O J U N I V O T N A P
K A E V R R O T C A R T X E A U T Y
I R C O Z D I N O I S I C E R P G H
S A J G A M E H O L D H G U A L B L

CLAMP
CROWBAR
FILE
SLEDGEHAMMER
WRENCH
RATCHET
SOCKET
LINESMANS
PLIERS
VISE
UTILITY
KNIFE
DRILL

IMPACT
CHISEL
MALLET
PUNCH
COMPOUND
ARC
JOINT
PRECISION
HACKSAW
HANDSAW
EXTRACTOR
STAINLESS
SCREWDRIVER

Space

NEPTUNE
URANUS
JUPITER
PLUTO
MARS
EARTH
SATURN
PHOENIX
VENUS
MERCURY
SHOOTING
STAR
COMET (2)
ASTROID
SERPENS
MOON
CONSTELLATION
SCULPTOR
SOLAR (2)
SYSTEM
PEGASUS
SCORPIUS
ORION
URSA
ANDROMEDA
CASSIOPEIA
CARINA
PERSEUS
PISCES
AQUARIUS
GEMINI
SCORPIO
CHAMELEON
COLOMBA
CYGNUS
DEPHINUS
DORADO
ARIES
CANCER
CANIS
MAJOR
MINOR
DRACO
CENTAURUS
CEPHEUS
MENSA
LYNX
LYRA
HERCULES
HYDRA
METEOR

Space

O S I P P E R S O C K W O M A R E Q U O T S
K P S U I R A U Q A S R A P X P I N N T U E
L G A M S I F E L T P U T S N O S O L V U L
U D U O C L A S E U S D R E W C M C L E V U
T R L U E C E R U N I U R U O D A R O D O C
O A X N S I A E E O U O N R A N F O S Y X R
R E B N R T T P R E N T P O C T H E I I O E
U R L A S U R E J I S I P E I O N T N J R H
P A T E U E T E M U O C R E P R S E A R O Y
R C E H S S Y A I O K N U Y N E O M C F K R
E A M Y A Y F N S L C W O L N H G S A O C C
T E O R G P S U N G Y C Y O P K I S S L A I
U X C U E I S T N C A R I N M T A I N P N B
L K A L P U T H E J E T A O T A E K E I R U
A V I L E R E T T M A A R E Y S S R M A R O
S E E H P A G R I L B D O L S R U E T J T L
R D P N E L N A L M L K E E A U G T L U A S
O E O T U O I E O Y O U S M L H I I L U N M
C P I H I S T L N V R P E A O G C P E O I E
J H S A T S O X U A L R K H U R H U R Y R A
A I S P N C O L N E C K Y B R E D J U O A V
M N A O J U H U L U A D O E R R A N U K C O
A U C E T Y S I R A R E U Q A U S T A F Y S
N S I T P E N Y M A K O V C L E A S G B I F
C A R D Y L K W O T E W O U F I N D A N A C

Musical Artist

G R N E R E Y E V R A H X E L A O P S
R H R F A K K Q U G M B F E A N C M J
E Q U E T D H Y E N S E H C I Y N A K
A F D T I F A A J O U R N E Y T N R V
T C R T U A L L E R E D N I C I O I C
Z L A E G U I C A T K E C A M C R K S
R E I S N T F O H G E R L R H E F A W
E D R I O S A U S Y U L K B A A A H T
N Z A R C N O E I V F I N G E O O S R
G E Y R K O H I H G N O L C O R L Q D
I P J O U I E A H J L E J E K U T I R
E P N M B P E I S O S H E A R T A E A
R E A L L R I H I C H I N U L A E R O
O L M E E O E E F S T N G L Q L M E B
F I E H K C T V W O I E I C E O A A Y
F N T C A S E I O M A D V D C X S C E
N A Z A R E T H L L F D A G I S A V K
K R A S D G U M B N F I L L M K E J B
D R I D R E Z I S E H T N Y S B D Z I

GUITAR
AXEL
KEYBOARD
SYNTHESIZER
TREBLE
KHALIFA
SHAKIRA
MINAJ
SQUIER
NAZARETH
MEATLOAF

ADELE
CHESNEY
SCORPIONS
LED ZEPPELIN
FOREIGNER
JOURNEY
LAVIGNE
EAGLES
FAITH
MORRISETTE
AGUILERA

EMINEM
DRAKE
HOOTIE
BLOWFISH
CINDERELLA
QUEEN
HEART
LOVERBOY
BASS
ALEX HARVEY

Muscle Cars

U R D H R I T L C S U M E H O S E H E

C B R O T T M E A O L G I M E H O U L

R F I L T E A O L K D C A I T N O P C

I M B N M A M A R O R G N A T S U M S

A O R C R I F O D A R A F L E B E R U

H N E A Y A S F C R M V R A V O N R M

A T P R A B M B I C J A E B R D M E R

C E U L S N L B H R K I C H O K B N O

P C S O H T O E L L E V E H C C K N D

A A E P M C V T H E I B S U H S C U A

C R N M O Y E V T S R O I A D A I R T

E L O A W C L R D A B A R R A C U D A

R O L R T Y O P C H D G M F D Y B A M

I C C H A L L E N G E R I S R A P O M

T A Y I U C K V I R S A R E I V I R O

M E C Y R U C R E M E C A R S K C O D

RAMBLER
CHEVELLE
CORVETTE
NOVA
CHEVROLET
CHEVY
MUSTANG
COBRA
SHELBY
DODGE
PLYMOUTH
FIREBIRD
CAMARO
MONTE CARLO
CHALLENGER

CHARGER
BARRACUDA
PONTIAC
ROADRUNNER
HEMI
MOPAR
MATADOR
RIVIERA
BUICK
DAYTONA
SUPERBIRD
COMET
MERCURY
REBEL
CYCLONE

Types of Muscle Cars

CHEVELLE
CORVETTE
EL CAMINO
CAMARO
FIREBIRD
NOVA
DUECE
COUPE
MUSTANG
CHALLENGER
CHARGER
CUDA
COMET
GALAXIE
LEMANS
REBEL
GTO
STARFIRE
JAVELIN
DAYTONA
SUPERBIRD
COUGAR
MONTE CARLO
MONTCLAIR
FACEL VEGA
MASERATI
POLARA
TORONADO
FAIRLANE
SUPER BEE
TORINO
CYCLONE
GRAND PRIX
DART
DUSTER
BARRACUDA
THUNDERBIRD
IMPALA
SHELBY
SKYLARK
RAMBLER
CORVAIR
IMPERIAL
WILDCAT
COBRA
TRIUMPH
FUELIE
BELVEDERE
FALCON
ELECTRA
FASTBACK
CATALINA
AMX
GTX
RALLY

Types of Muscle Cars

B Y F O G X A H F R R O G A B E L F E I M Y X O
D E C U M L T A K Y R I X N E M L P A L G E N N
T U G A B L C P H A B E A B Y B U K O N J A C E
N K S C A E L I M E Y L R L J O R S D X E F S H
O F U T L A T A H I T E E N C A D R T C C A T X
X M I V E A C G K R P T L H L T I G E A D O E K
I D E L R R I C C U E B E Y S B N U V H N A L B
G G Y E L L A R S R U G K V E U D O G I K G E B
A T S F F B L J E K P S N R R A N N M U X A G G
M A N O T Y A D I P Y H I E C O L A B N H C M E
M E H S H I E L W E M F X G L U C U E K P U F F
I L A B O V T I V H A I R R O L H A N A M U X E
J F U L L Y L G E R R I D A E L A N O T U I O L
I N A E L D U N U P B T C H A N E H L L I A J N
C L B E C I A L D U O B D C H O M A C E R R O S
G L U A L L U N I R C A R A L L Y J Y T T J A B
G U T I R E A N O B I R I M U R A E C C A N N A
U C H I R R A N A N E B B E H A V E N V E L I E
Y B A E G M A C J X S T R U A C L R E H K A L E
C F E N I D U C E G U I E E P E L L R G F L A G
A T E R O X U L U B B E P U D T I E T O E W T R
M I R A E D A C A D A L U H I N G Y N V W O A C
A C I T A B E L L R A S S C R O U I E N R M C T
H I F G E R E K A R H B O F O M R H R A B E L G
O X R A M M A L P G S R A G U O C E T L U G I F
B K A L A G O O M O V L E L T E T R E N N I L M
B I T N E P I C I A C A L F Y L L R I T B B O N
F I S D G Y H C I O V X O G E M L I A T A Y H C
O M A O L T O R N E J A G B X O J K E D I M E H
N L B G Y C K B G S Y M N A N I H E G H A F E P

South America

A H T U L V M R A C H I L P A J U C K U P A
G A I V I L O B L A A L E G A M H I A A I L
C V U I T I A H M M S R A M E A S B T B C A
A A C P A Z U I I S U O A K V S U O M U H T
R S K L E A L T R I N I D A D C G U L C F T
A E O E A R O I T H C Y N A P O L L I S R O
V U G H K B U A H A I A E S B O M E S A I M
E Q A A A P U H A R O W N A C R I I U N E C
N E B G R Z U C U T N I T I A H A U N T N E
E R O E I G O A I B M O L O C L S B C I D R
T A T W E L E P C A N I T N E G R A O A C K
N C S A U S L N A Z Y P A U J A E N E G R A
E Y A M N V I D T L U A Z B Z O G R I O I C
G L B I L U H O V I M E R I U L I Y A P O T
R I E L I H C Y A L N C L P O C O C O T U A
A V T E M I E G L E I A N A V A H I K U L W
G H O M A E B D V E N E Z U E C R E F U G H

VENEZUELA
COLUMBIA (2)
PERU (2)
BOLIVIA
CHILE (2)
ARGENTINA (2)
SANTIAGO
LIMA (2)
BOGOTA
ASUNCION

BRAZIL (2)
CUBA (2)
HAVANA (2)
JAMAICA
BARBADOS
TRINIDAD
TOBAGO (2)
HAITI (2)
DOMINICA

Golf

```
D U O Y B E B O L N H U M I A N A H G O L I E
U L L O A T G P R E K N U B U H G T R U G C T
L O H U F I L D P T A D A E H B U L C R N C O
A L G R C A W V E K O C R N I N L O A A I U N
R N U E Y L I P T W K E L I G H H C T I P L G
T I O E D G A R N S N M O G V Y P S S U P N N
A R R Y O N N S W E I N I N N I T C H R I T I
L S O T U R W I B A T R E I O S N I C T H I P
U L H I G I N U K T Y H K K R U E G T I C P H
E U T R N G N A R N U T O O R P M U I H I G O
C A A G I K O B R I A L R O I A P A P T U N L
G U Y T E G A R T S L H T H E R I I C O U I D
H E R R O K N R A N L O S E T R U H R H A W I
T H E H R Y S I F T O N U Y T E Q U O G E A G
E P P I C A R R C T O U R N A M E N T D R R N
R H I E P T H O L I R P O G I E N I G N I D I
I T Y R R O A N P A L I P O L E K E L P A I N
C O G I G N I M I T R S P I D D R O C I R T N
O L U O E C A F B U L C U N N I N G R C E A A
H S L E G H O N U L C R E A T G G H C T A M R
O F T I C A R R I H T U S R A N Y R U H S U D
```

STANCE
BACKSWING
TOURNAMENT
CHAMPIONSHIP
DOWNSWING
PITCH (2)
CHIPPING
FAT
WEDGE (2)
TOPPING
BUNKER (2)
TEE
SAND
PLAYERS
GRIP (2)
TIMING
SHANKING
HOOKING
DRAWING
FAIRWAY
ROUGH (2)
IRON
STRATEGY
DRIVING
MATCH (2)
PUTTING
GRIP
AIM
EQUIPMENT
STROKE (2)
CLUBHEAD
CLUBFACE
SLICING

Horse Terms

E F A R N B A E V S O U R R O W I R E B U D Y
R O H E W R L I A S F U H S Y E H P O L L A G
C T A S S I N D Y E A O W A V I F E G S O N R
S H R A I D D E I D W R I H Y A E G E S O L V
I S N U R L O R N U O E R A E N M O Y L D O T
O R E T E E G A N F Q C K L K O C B R B E L A
F U S O T A L N N U I C U T C N H U L I F R E
Q G S I G H A R E R O L L E O N F C E E W A R
U N U R R I O S I D R O T R J O R N N R T E R
E A T A F O T R D L C A B A I H F F Y I T V H
S T O H R R O A N L A B A N G A S A H S C O G
T S O C I M P R L O N R R E O M A N R M Y U C
C U C A R Y E M A T I R E C T T F E O A L L E
E M N O R A N N A O R L E F I V E R W D B K B
R P O T U G R A M H E L L U V H R A R D A L B
E V R A S Y N C I U G F I C C Y K E H C H U L
M O B F E E B I D B R U G U T C S F U P C U A
F L I R T B H I L E A S O V O S F O L K A P S
L H R E T N A C O R I R E R A D E S S A B H A
S A G O I O A C H U A R A G B A W K O N N I F
I R V A H L H L D B P E E L U W I N H C U K L
F R E D L W R F R O S S Y D U N E G C U V E D

WHEELER
LANDAU
PHAETON
ROCKAWAY
STALLION
SIRE
YEARLING
GALLOP
FURLONG
HALTER
HARNESS
CHARIOT
LATIGO
BUCKSKIN
PADDOCK
BROUGHAM
JOCKEY
BAROUCHE
BRIDLE
SADDLE
AMBLE
ARABIAN
ARENA
BAREFOOT
BRONCO
WHORL
CANTER
CHESNUT
CINCH
COLT
DAMSIRE
DRESSAGE
EQUESTRIAN
ENGLISH
MUSTANG
FERAL
FLANK

Types of Nuts

Y F E B U D I K F J I V E B T W O S A L S K E
L M S A P T R H Y O R M N K U N H A L O H U I
U A N C A U D E I H A Z E A N G T U N N U K K
V G T Z R N U H Y C N T R E L A R K A A M O L
E A T A A D C O L N K T U N A E P C B D U C T
U M E R C A L L D I F O R U W I E F N M O A L
R P H B T E I D U L I N R O P P M O N E C N E
T U G S U R I G N T R U L Y I E M M A A A R F
J I I G N B B I A O L F L E I L E A F C B O A
E P U T T I T A R I N T A F A R I W E G G A L
K E I S S U U V A U L I U R C M O P U K E L B
G T L I E N N E S R U P P N A E L U N H O T I
D H R A H J R L N E Y L Y D O H L I P U T H N
A A H E C H E V E F I U A T L C G G E R C T T
Z U E C B O T A V Z E C U C L A O N L T O V U
O Q A A I L T F A A A C A L O T A C I E G U I
L A R X L E I R R M O H U S Y R A L I S K L T
L K T U W T B F N I S H T U H E N L O W G H N
U T U N E W S U J F A I H C U E F E D K J A C
G A J S M M D A B U C T E H A E W I B A T V H

PINON
WALNUT
HICKORY
PISTACHIO
PEANUT
ACORN
ALMOND
PECAN (2)
SUNFLOWER
HAZELNUT
BRAZIL
MACADAMIA
BITTERNUT
BREADNUT
RAVENSARA
PILI
JESUIT
SINGHARA
BEECH
CASHEW
CHESTNUT
COCONUT
KOLA
GINKO
FILBERT
LITCHI

Antique Cars

AUSTIN-HEALY
WOODY WAGON
COUNTRY SQUIRE
REO SPEEDWAGON
TOWN BROUGHAM
THRIFTMASTER
PHAETON (2)
STUDEBAKER
HOLBROOK
HUPMOBILE
LINCOLN
PACKARD
OAKLAND
TORPEDO
HUCKSTER
STUTZ (2)
LEBARON (2)
CABRIOLET
NASH (2)
TUDOR
FRANKLIN
VICTORIA
BONNEVILLE
MERCEDES (2)
CADILLAC
TUCKER (2)
TARTA (2)
ROLLS ROYCE
PHANTOM
SILVER WRAITH
SILVER GHOST
CHEYENNE
BENZ
CENTURY
STAR CHIEF
SPRITE (2)
RIVIERA (2)
FLEETWOOD
ROADSTER

Antique Cars

N I S T E D O L U H G E F A Y C I P V A E S Y F K
Y C R A L I V E S J I S E T B I G O P B O X E O G
R I G H I N E A H U Z E U R X A E H O D R R O I V
D Y X U B R N E R T Y D R I U S A T M N L R F J O
I S J O O B O E U T O E R D D E T O J A B B E D O
N T O P M A K T A R T C U G T E T Y R L I S E A G
I B L E P C S M C S R R A O G N T E O K R P H T Y
V R E C U L N I A I R E N D A R I H L A R J B I F
R A N T H E O M I H V M K H I B F G G O Y C U S E
C Y N O S A T D E I G Y P A L L E P T E I R G U C
A J E H O F E R R G L U N L B U L R A N E R I N E
B S Y C I M A N N A R I O H U E K A I K N U B R N
B A E R G O H C E I K P A R R A D L C O E T I A E
Y G H T I H P H Y L E C F Y B E K U G G I U L C C
E T C H A V N O D A L O A P E N T A T U Q J Y A H
F I H R T I I O X F F I Y P A E W H O S C O T B A
A E G T T L O E G Y A L V R O D S O Y E R A P I X
R H I S I W S E R A H I F E E A H R T S D O G N I
A J U H T A B E H A W O P E N T T I L S E D O M O
H A Y E C I R U T N F Y P G I N O L J A M R P P R
E V E Y R R C W I S E S D I U C O O M E A L D R E
A L O D I K A J R G O E E O R R C B R B A R C C Y
L E C R S I P T O E B H C A O G I C E V E F E R I
J T O T L G O F S A V I G X I W E L B T A N N R G
G I E B A N O R A B E L L R N D I T S A T I Z T H
A R F I Y R V O E D R E I G E N O D A U N T R I D
E P O G C A T E R T O V S S C V A L R R U T P F Y
S S T I X Y C A N N I P F O P O L Y A T T E C D I
R E T Y J D I N B E R R L Y R L S I S P L A E H L
D H C S A H O T R A N N P R I C B A S S D U G L L
O B I F G G R A B P F Y L S O H T E N D A P S A B

Peppers and Salsa

```
G R U K U Y F E T O J R O C O R R
O L N H E L I H C E P A L R E O I
D O S O L L I T A M O T D R D T C
E S R R Y G C A C Z D I A O T O E
C E B E G C F E T I O R R C B C R
H M I C N E O R U S H O R O T O I
E E B A I A L U S K P M O T O R N
L F A D C N B D N D I L R I D L S
I T B O I A T A A E C A B L O E N
H I A C C U O Y H E O H Y L K J I
C L O E H E D A U K D H R O C C E
E L G H J S N Y Q O E G I E A A C
V A D O V A F L T H G O C I L K N
A E C Z U B L F I C A F N O B E U
S S I K L D C A F S L L C U I I J
T Y O N A L B O P I L O T D X C A
R U L D H E O B A E O P L U F N M
C A L I A F R E S B N W I H E I S
T V I L D C I L I Z A O T Y U B U
O B J O W A O M L T R H A I C L G
L I A H G O I V L O R C D B I O G
L O U A N E J A A P E N C A L N O
I A G V C D O C L P S A U N I M B
```

ANAHEIM
HABANERO
JALAPENO
POBLANO
SERRANO
ANCHO
GUAJILLO
MORITA
PASILLA
TOMATILLOS

ADOBO
CACTUS
AVOCADO
PICO DE GALLO
RECADO
CHILE (2)
ROCOTILLO
CAYENA
DATIL
ROCOTO

Australian Birds

```
I L R E E L L A M E T A P L A S R N R E W T
B M H O T I D U N I A N O G I K C O C L I A
L I P O M E I N W R T V A G N R S N I W A Y
I S E E G U P D O R E N T O R O B L O Y N T
E S T B N P O I K A S T I C C E W A M I G P
I N L O B G U C P I S R T T R O W A L O R I
P E W B R C U H B O P O C I F I C N R D A P
E P O E T D D I O W E P C E B A U K U R B U
P U F U L H C O N T E W E N O D U R A T U M
I W F E L R A P A O V L I N O M E C R T O C
R L H D L E U T H I L U R G E M L A Y E O C
T S L I G I T C T A B R N G L E B U N N K O
S O C R M L N S M E R O S U M E I B F N C H
R R E H A B T N G E W R F B I D R S P A O C
A T T N O M R O A R W I U F D N H T L G C T
E M N O S C M E S R E T F B I E G H E O C A
H K B A N S O H L T C B I B A O C I R P A C
S Y E L R R O L L H A V E R A K O M T L B U
O L L S S V A R E U Y T W F O W O N S O M E
B G A N E B G R T I M A T E S R B O E E M G
E N N L R O B T H A T I L L A H E M K A G E
U B E O N I U G O E B B I N E V E A L I G E
I R B O R N H A R O R L T C O R R L N R S L
N A L D A D U C H I C T A E W C H O B C I S
```

ALBATROSS
KOOKABURRA
MALLEEFOWL
SHEARWATER
CURRAWONG
CORMORANT
WHIMBREL
SHOVELER
CURLEW

DRONGO
FULMER
GANNETT
GODWIT
KESTREL
PENGUIN
SHELDUCK
PETREL
DUNLIN

TATTLER
BITTERN
PRION
CRAKE
BOOBY
EGRET
GREBE
EMU
IBIS

Car Parts Brands

R P E R F O R M A N C E T I R E S C
O J O B O T R A C I N G O I T E R O
C I S W E S I N T A K E H N P G U W
K H K O K W O R A M H C O W L D U L
O P C R C H S R D Y I S H T P R A I
N L I D O A I M O T P R E I A E R N
W E L Y R O L L A M U S A M C W E D
O D S W B I T M O N E A D M S O T U
L A L S L L O H N J O G T U M L L C
F E E O E S T I H E R D E S I B I T
K H C H D Y I R E G J H L I R E F I
C O C L E D C A A H O N Y E T U L O
I A A K U S D F Y D N A I E W D H N
R M C D E N R E T S A M W O L F C O
T I O R I A I R S C O O P N A L S L
M O I W M O T O R C R A F T T R O F
H T I A F I L T E R T B C I K O B H

HOLLEY
WEIAND
BOSCH
FLOWMASTER
HURST
WELDON
MICKEY THOMPSON
AC DELCO
EDELBROCK
MALLORY
ACCEL
MOROSO
FRAM
TRICKFLOW
INJEN
SUMMIT
MOTORCRAFT
DART

Bridge

C A L Q U I N I K R L K O B A L M Y L H V Y I U
O L Q U A E Y C H O S P C E R E D N E F E D D F
A D N O M A I D A J E A K I C R B A S P K A A O
L C I A L R H O G N I F F U R I R A J G E R E M
K I T Y T S K C I R T P I S D T F P O N V O B Y
U S G U H A C N I G M U M D S E R I T I O U O B
F L A N U K G N I U G L I U T I I E R K L Y D L
I F G N I T N U O C H N O Y R O K O V C A R O A
N I E J D N I G N I G N I K A T R E V O A K D N
E R C D C G E G N U T R Y L P N O C P L A S I T
L H I I K N N P L I S U I T A L A N O B L F C O
O B E S U I C E O V D U B M E E L G I N F A T S
E K S C L D E P O S N A G I M F T U N U R E P C
A R S A L D A M I Y O G E N R R A S R I E A T A
L I E R O I V U C U M I T L I T T S N O D Y R I
T T N D O B Y R C H A B I U L K S O A E A A A T
S C I T N O I T A C I N U M M O C I I R P R E Y
O R F H R V E P R H D O S L R K A U D O S A H L
P A S C A N S R A S K M U C C I R A D I L A U Q

FINESSE
TRICKS
COUNTING
NO TRUMP
TRUMP
CONTRACT
DUCKING
OVERTAKING
UNBLOCKING
SUIT (2)
CLUB (2)
DIAMOND (2)
SPADE (2)
HEART (2)
COMMUNICATION
OPENING (2)
LEADING (2)
BIDDING (2)
DISTRIBUTION
CROSS RUFF
RUFFING
DISCARD
OVERTRICK
DEFENDER
STEALING (2)
SAFETY (2)
SACRIFICE
STAMEN

Chinese Food

BUBBLE TEA
MOO GOO GAI PAN
BLACK PEPPER CHICKEN
EGG FOO YUNG
EGG ROLL
LO MEIN
FRIED RICE
HUNAN BEEF
LYCHEE PORK
MUSHU PORK
BOK CHOY
KUNG PAO
CONGEE
MAPO TOFU
SPRING ROLL
HOT AND SOUR
DUMPLINGS
CHOW MEIN
PEPPER STEAK
POT STICKERS
WONTON
SZECHUAN
PEKING DUCK
EFU NOODLES
PLUM SAUCE
CHOP SUEY

Chinese Food

O R E N E B A H L E A F A L L G E L I H C I B
P U O S S C B L I P R E C H L G C A E C O M R
L L D B K R O P F I P I C A D O S H F A F T O
U F O L U R S R E E P E A D N E R A P T E C C
F G U M G S U D O P C E P G N A S G N S E Y C
H E C G E A R E B O T U E P G S N A N S B E O
C C E B M I E N K E M E A S E U S E D I M U L
R A N B C U N B L C D M I S K R K D T O R S I
E R N E N U M B G N U I H C M C S N R R E P E
S C A R N A B A N G N D A R I U I T P A T O S
E D P O H U N E N N I N G H N O L Y E H A H G
N R I P B W W U E M P A C N P C U P K A L C C
I N A O B U Y E H O N R W K I A W E S O K E W
H C G S W O L F P H E A C N U K I R S P L O V
C H O L O G K N U P L E U V L F E N O H N S U
H U O F L A O C P L H I L H E K H P L T D U L
R W G A R R V E H C A Y N L C M A D O L L B E
P G O G N I P P B O C T A I R E S N T H O L Y
E M O N I K O T E H Y I T U H E Z U O C H R R
I H M A C D U W E L S S W E L I K S A H U P E
D F O A M C U E O L T O F D B R I T S O I W L
U L L M P A P M M O K D O L O H L I S W A F E
C B D A V O L I P K Y O P P N O N D A M E C C
K Y B G R T T R O L N L U N P O N D V E T T U
A L I K U C R O L U I H G O N A H C B I L E P
S E I K O O C A F E S N R I T C E C A N N E U
S Y R R A C S E E U N K G O L O N A C O P W O
C O M B O C S A M H N G H S S I K G U H Y S S

Aquatic Animals

STAR FISH
SEA HORSE
SAND DOLLAR
CORAL (2)
SHARK
WHALE
SWORDFISH
OYSTER
CLAM (2)
SHRIMP
SALMON
TROUT (2)
SEA LION (2)
PENGUIN
OCTOPUS
SQUID (2)
COD (2)
PERCH (2)
WALLEYE
TUNA
STINGRAY
BASS

CATFISH
SUNFISH
BLUE GILL (2)
OTTER (2)
SNAIL (2)
DOLPHIN
DRAGONFLY
LOBSTER
CRAB
TORTOISE
GROUPER
SAILFISH
TUNA
ANEMONE
URCHIN
PUFFER
ANGEL FISH
BETA
EEL
SPONGE
WALRUS

Aquatic Animals

W A D R Y I S R A F O V L A R T E K A H P E
U K I F E N T E E G P I E D S S O N Y E I G
F W I T A F E D A T U L I S E A G I F O J W
M A T I P U F H I M S L A F I E N N I E D A
E L L U L I V U N U H B D A L O E J L U K L
J E T K O L C U P U Q R O F I T T L E T A I
I V Y A K R I O W W A S I L F I Y R S R E V
R A E C E P T G D I L S A R E F T W O U S M
R J I N A C M I E H H E C V I P O C T T U E
L I P T O N B I S U S E I S O R A C R A G U
U J E C R M E R R A L I H I D Y H O P H U N
V B U Y A V E U O H K B F F A E U C U D O F
G I H F E B U N H R S S I R I T N O R M E Y
E V E R C L I D A L E S W A A O V Y L E S R
G I B R R U L H E C H T C L I T R A W Y P I
U R A A G H S A S E J I T L E A S I L A U K
O B E N R S B U W I N N A O A W E F O R R E
A D E Y U I N R O R F E U D I M N R O G W M
E P W R O F A C K A S L I D A O I C R N O M
J I L R I T O H U L H T I N G N P O U I V E
O A K S S A T I P L T C N A G P U D A T E O
W I H T O C A N E M F I R S S P O T I S U L
B L A C K A O S L C O D V E E L R Y U Y A R
K L I P T T A L L U C O W R P E D A S R E T
L G U T T Y T A P I C H A H O I A P O T L U
D A Y E Z I M E L I A N I M U F O C S D E W
B E R I G A R R U L O N E Q I N A Y E I K R
O L D A D I W U E J I C S O G D O V I F A E
K I F O Y E L I P U K L T U G R R E T O P G
H L L F V W A L E Y L L E C W A T I U R R U

Land Animal

HIPPOPOTAMUS
RHINOCEROS
WOLVERINE
CHAMELEON
GRASSHOPPER
CHINCHILLA
ALLIGATOR
ELEPHANT
AARDVARK
LEOPARD
ANTELOPE
BUTTERFLY
KANGAROO
SNAKE
HORSE
GIRAFFE
LION
TIGER
JAGUAR
COUGAR
LEOPARD
FOX
OX
LIZARD
BOBCAT
PANTHER
BOAR
PELICAN
COYOTE
EAGLE
TAPIR
OWL
PANDA
PORCUPINE
PUMA
PEACOCK
LLAMA
FALCON
EMU
CHEETAH
CAMEL
SWAN
DUCK
HARE
BISON
ELK
FERRET
YAK
BEAVER

Land Animal

E A B C H T Y G O K B R I C N E A R C E A
N N R E P P O H S S A R G R I D E A R U M
U S I M E A R A S E F E F A R H O I S I E
G O T P G R A C R T S E L A F D P L B M E
N C O T U R N A L O C A Z V E A Q A E R Y
A A R R D C N V O Y K I R R T I L U N E M
N O C V A T R O W O L V E R I N E C S D N
B L A I E G O O I C Y W A M E L M K O O A
B R S L L E N B P L U G T A G H A E M N H
K G O A D E O A F N U M M A D F C E A L O
O P O T E B P R K O V A E M U B B I T O G
W E H K C H E T C E L R S F I R I E O L G
O A L A E T P E R L T Y E A F F A S P T R
E C T Y T R F R H E V I L V T A L G O N U
S O H U L E E T I M O L P R A F R A P N O
T C B C R T E N N A I C E L P E M R P G I
I K O R A G I H O H L G C O L U B S I A B
C I E G C B O W C C I V A E P I J U H G L
T T L O A L L N E T M A P A L A N A P L E
I L U E R F I X R F O H N I G E R R E H C
A T Y G K H R A O B A T O U A E L D E N C
D R M B L A D X S N H N A W S N U M S N I
L C A R E F N R T E S R O H E C M I N D N
U B C U R F Y S R R U M A H K L E C A R A

Spanish Flowers

C C F E E M S S I K O L M K B A I L E
H T A R T G K A S A I R E N I D R A J
O I L T E I E M S R I N H C U O T S A
K E K D I E K R I O L S A D A L I A L
E C S O L R S O A T R O N P B R T O L
C N F L A R A I M N L A S E I V R R O
R A A O N B O G A I I R E I T L L T F
A D E I N S J M R C N O H P C R U L E
D A L D E I A J A A E D I U Q R O T S
L I S A R I G I G J M B I G U R A H O
E U R L E T N A Z I L I T R E F E N L
N M U G P L O V E E R A C J U M P I C

TULIPAN
ORQUIDEA
JACINTO
IRIS
HORTENSIA
NARCISO
MARGARITA
FERTILIZANTE
FLOR
FOLLAJE
JARDINERIA
GERANIO
PERENNAL
GIRASOL
ROSA
LIRIO
DALIA
FREESIA
GLADIOLO

Motivating Words

N E S O U L A T I P A C E V R E S H
E V C T N E I C I F F E L E W S L E
Y A C A H O W E G E U L C O R O F T
E C N A R E V E S R E P H L B P I S
I I K C A R P E A S E S O A P R N D
P E R E E Y T I V E R B N O I U S R
N U N S B B R A V E B T H P E P T O
S O R T N O I T A R I P S A G A I W
V E I Y H Y R R A C P L S C A D N G
P R N T T U W B I H C O E G R T C N
E U H O A V S P I R U N S B U N T I
L H Q R I N A I E L O K G C O E P T
Y Y T T E T I T A I E N N I C U A A
T T Y G I S C M T S I R T U E Q R V
I I S O N A O I R K M C I M P O A I
R R N T R E B P L E E K O S M L T T
A A R A K M R O R F T H I O E E S O
H L H A A D O T F U F E M U A D M M
C C Y Z A R C A S A P A D L T S A C

AFFLICTION
AFFECTION
AMBITION
ANTICIPATION
ASPIRATION
BELIEVE
BREVITY
CHARACTER
CLARITY
COURAGE
DESIRE
DETERMINATION
EFFICIENT
ELOQUENT
ENTHUSIASM
INSTINCT
PERSEVERANCE
PURPOSE (2)
SOUL (2)
SPIRIT
STRENGTH

Snow Skiing

TRAVERSE
SNOWPLOUGH
WEDGE TURN
STEM
MOUNTAIN
DOWNHILL
STRAIGHT
RUNNING
GLIDE
EDGING
SKIS
BINDINGS
POWDER
TECHNIQUE
CRUST
PACKED
SLOPE
INTERMEDIATE
ALTITUDE
PISTES
CHAIRLIFT
GOGGLES
RIGID
BOOTS
POLES
GLASSES
CAMBER

TORSION
FLEXIBILITY
MOGUL
SCORPIAN
ELASTICITY
ADJUSTING
SALOMON
LOOK
TYROLIA
STANCE
SHIFT
PARALLEL
SKIER
GONDOLA
CARVING
CONVEX
CONCAVE
PIVOT
SIDESLIP
WEATHER
HERRINGBONE
WELDELN
STEEP
GRADUAL
JET
CHRISTIE

Snow Skiing

C A B E Y A R C U S L U P G A C O H C I W R A N B
N R S B G N O I T M R Y H E N A R O L E E F L X M
M Y H Q U M Y R E G N I T A P I C I T N A R E I A
U T U S N I A T N U O M C L T C N H E N T I T A N
O S S C A I S T I B O K O O L K R N T I H T S P M
T G L U G X O W O C L Y P U M B E E U O E O L R R
N B Q H S N E O E U I L G I D T B F F R R R I A E
N R T K U L T V G G K T E N T R M I S D R S I R U
B A I O D S A O N S U O S L I E A V E T U I I Y Q
I E M E S C M I V O G O D A L T C A I L A O T T O
R N L S N T V T E I C N P L L A S H A U F N O R C
E N R O E R E D W O P H I O P E R U N E Q A C L O
H E C U A L U E S L T H L D O T D A J I U E N E M
T S T C T T G H P F N G S N N A V P P D Q Y C J D
E T E A I E R G I W T U E O R I N I A L A U S E L
G A N T I I G L O W S O D G R A B E T C E M E C O
O L L E S D R D B G U L I A I N O P F D M R S A H
T A S T S I E G E W R P S P E X O O I E K I S P P
E T I K A R P M R W C W R A S D M L H K C X A A R
H E K H I E E T R E N O E I P T G S S C I E L C O
G P C O L L O V E R C N K C D A E I L A U L G U V
C W R N O M O L A S T S W I F L O J N P Q F I B A
I E E U R A H E R R I N G B O N E I B G O G G A L
O R T O Y H O W U E T I I P Y T I L I B I X E L F
R C Y E T T H G I T R Y F A V E U Q R E M K C O R

Cooking Sauces

SOY
SALSA
SESAME
PICO DE GALLO
HALLANDAISE
GUACAMOLE
PESTO
WALNUT
RANCHEROS
YUZO KOSHO
CHOCOLATE
REMOULADE
ZHUG
PICANTE
AIOLI
KURMA
TEMPURA
KETCHUP
MUSTARD
MOLE
RELISH
PIRI-PIRI
SICHUAN

JERK
LIME
SHAK-SHUKA
MARINARA
ALFREDO
MORNAY
CHEESE
LEMON
GRAND MARINIER
MAPLE SYRUP
WORCESTERSHIRE
CHIPOLTE
CARAMEL
BUTTERSCOTCH
BUTTER RUM
PEANUT
CHILE
MINA
MADIERA
GARLIC
ORANGE
TABASCO
SRIRACHA

Cooking Sauces

K E M I R A F E G O T A B R O L R I G H A T
I G A H E E A M M C I N E I S D T N A K A R
B A T Y N I R H A U S E P T H I E N G M S E
O F E R O C I I Y D R O C U L F C R H O B P
I T O L E S A A H G I R R U H O T H F E T I
H E I K A M R B A S I E E E E C P L U L Y C
E N N L E U T P U T R M R T H A T I G A A C
A K A L P I T U D T I E W A T C P E H I N G
O B I M R U J R A N T H T E K U N T K C R F
F S E C N F A Y A N B E I S T O B A S C O N
I T M L E T A S P E M A R I E N V L R O M A
G H A R S A L E C I A R I S S C A O B A M R
O W B U P E A L L I N G P O C E R C I N G L
R I M E M N D P L O E H I A G O K O I P P E
R E S A U T T A N A M S R P R A T H W P L O
N L S T U F A M L E J N I A A M I C A I K A
A E R E G H K I G U E C P A N I S E H A V N
S M O B U K U U T H O T E H D U G C U R I M
U A I K A E H I U D H M O C M N C I K A B I
A R R O C Z S A E J S K E A A H A I A N G T
P A N N A S K G T T O S E R N O R L L I O N
J C M E M R A I S A K L O I I P E U L R S E
A T G I O L H E R M O E L R E P L B E A A G
E T Y H L S S A P U Z K S S R A E L L M H G
N L K O E E C B A K U R S E B Y I S A E A N
O I F A S T M B I R Y E F F E S A N T M M R
R P I N Y G H O M E I J M A H H G E T O L I
E M C E T I C A N N B M T G S O C K N H A F

Music Genre

MOTOWN
ALTERNATIVE
DOO WOP
BLUES (2)
BLUEGRASS
CLASSICAL
DISCO
COUNTRY
SKA
DANCE
DELTA
GANGSTA
ELECTRONIC
HIP HOP
BOUNCE
RAP (2)
INDIE
FUSION
JAZZ
LATIN
TECHNO

MIDIEVAL
OPERA
GOSPEL
SOUL
REGGAE
HONKY TONK
ROCK (2)
PUNK
GOTH
HARD
CONTEMPORARY
RAGTIME
CHANT
ACOUSTIC
CHAMBER
BAROQUE
AVANT GARDE
ROCKABILLY
PSYCHEDELIC
BREAKBEAT
DEBSTEP

Music Genre

P C I P L A D C O M R O E C E L I L U T M N
I R E C K B L T O Y L L I B A K C O R C T I
C E M T O C L T O D U G J A G H K I P I R Y
A I I P L E O P E B U A B Y A J D U E L A O
P O T D M W I R R C Z A N R N E L W A E E M
S K G E N R A E O Z H A D A G W O P G D H A
Y C A L S I A T S I H N J T S H L O G E S D
K O R L A K O S S C I N O R T C E L E H U I
R J B I B Y A L B H E C V E A R B A R C V C
E A L E A R L W L P H R E B M A H C T Y U E
G T A R G A L L A V E I D I M C S I M S L B
A T R E K R B R V Y H E A L C K S S L P I L
T F U S I O N O E C B E C H N S I S E U C E
S L I C U P U Q O S P Y A O L S K A B E O P
B I M N A M E U T I R N T H S A T L E D A S
E P C O L E G E L T T Y C E L O K C O R N O
P E A H R T P E N I K L U U L P E C N A D G
G C P O T N H U U N O L B Q U O E H O G O O
A I P A W O O D O L B B L O C H E C K T S D
B R R S P C G H B U P L O R E P S I N N S R
L Y O E C I T S U O C A T A L I C Q U A I O
I L R U A T N U P S O T Y B D H Y A P V D C
L A Y L S S I K S E V I T A N R E T L A I K
E C Y B I C A N I A T N U O M A L T T E D S

Basketball

E C A E R T E M S U O C D K S A B

C G S T E B D W I G H T N R E R L

R N T G K O S S E N D A M T P D A

E S T G A S I V C I C A A O L H N

I N E B O S H U H K D C R I A S I

P S N A S T O C K T O N C R R R G

E K R L M S E L N K T H H A R Y A

H M A J O R D A N K A E I C Y T H

A C G N I N R U O M D C C S L N C

R D R L I R W E B U S P A C E I E

D I E N U A C E E J U U B Q G I T

E A R D R U R L A L S Y I A E T B

R S C I T L E C U O L A M H N C E

U T D B A S K E T B A L L S D G S

A B H I R H H K R E M O P D F O A

O O N Y S O A T C V D W H L E L B

P C I R O O R A S D U R S R I C H

C A H P S T M K T A N U I K E R T

L O S N K I Y B L R K U W B Y R U

K T U S C N A T A Y C R S U B A R

S E T I I G A T E I N C A R Y L T

T O V I P N B R A T R U E B A L E

T E E Y R Y G K V H C A N C H I H

P L A T C A R A T I O J H E U Q T

HOOPS
SHOOTING
PASSING
PICK
PIVOT
DUNK
LAYUP
DRIBBLE
SWISH
LARRY LEGEND

THE TRUTH
PIERCE
GASOL
STOCKTON
CELTICS
BROOKLYN
SHAQ
MAJIC
JORDAN
CHAMBERLAIN

DWIGHT
DURRANT
BOSH
MOURNING
GARNETT
MARCH
MADNESS
NCAA
BASKETBALL

Computers

G A R D S A O R N E K C I U Q W
L X E U N E D O P H O N E H F I
A G I F K A E O F F I C E I O K
L W R N H J H A B J B D L N D I
D G O A U S L E P E R R E L R W
U H V R O A I Y E I T E M D A E
S A T T D G K H V R R K U M O O
J E O I E N R Y O C F A O R B R
F H D P A I O A S S E M B L Y P
P E T R D L W N C E L E C X E L
B P C A E E T I K N F G O N K D
S T L A I D E M O R C A M E T A
U E R R E O N A I P T P A L T C
O N E S R M U T R T I R A I R O
M R T R A K C I L C A O F S A T
E E U A I E N O H O E G U T E U
D T E D B T I N O N R R S O R A
O N E P E I F F O P I A G S A S
M I C R O S O F T V W M I E W A
U P N C A D K C I G U M T O D S
I E L E R A W T F O S I D U R A
T R E I R C N S H L E N A U A E
A E S T N A I S Y C I G K M H D
C N C L I C K E P W P M O C T I

UNIX
EXCEL
ALDUS
WORD
ADOBE
JAVA
NETWORK
ASSEMBLY
ANIMATION
MODELING

PRINTER
KEYBOARD
SCREEN
OFFICE
FREEHAND
MICROSOFT
MODEM
CLICKART
ANTIVIRUS
WINDOWS

INTERNET
SOFTWARE
HARDWARE
PAGEMAKER
PROGRAM
PHOTOSHOP
MACROMEDIA

Technical Drawing

ISOMETRIC
PARALLEL
PERSPECTIVE
PROJECTION
LINEAR
OBLIQUE
ORTHOGRAPHIC
PERPENDICULAR
CAVELIER
MULTIVIEW
T-SQUARE
TRIANGLE
PROTRACTOR
MECHANICAL
PENCIL
TEMPLATE
COMPASS
DRAFTING
TAPE
GRADE
POLYMER
HARD
SMUDGE
JET BLACK
ANSI
MARS PLASTIC
ERASER
BURNISH
DECIMAL
DIMENSION
ARCHITECT
SURVEYOR
CHAIN SCALE
PAPER
SHARPENING
DROP SPRING
BOW
INSTRUMENT
TRACING
HIDDEN LINE
EXTENSION
CROSS
SECTION
REPRODUCTION
SCALE
ELLIPSE
ARC
PHANTOM
CUTTING
VIEWING
PLANE
CURVE
AERIAL

Technical Drawing

Y N M O N T H J E A R I E M E T H E L P A P O A

U J I K A L R A P L A C Y P S R U T C E R L Y L

W A X C E E R F E L E V I R H U A I P O E S A B

A R T I V D P O D R N U S L L A R U U U A R D B

U D O T I V R E A B I L U E U T N V Q R B I V A

B Y P S T A R K R E L A G A E R T T E S O L E T

T H I A C Y L O G P T D L M P I E N O Y T B A T

U M E L E R H A C G E A O X A A W A R M O U S E

O T U P P R A I C T N N L E C N E M B I Q R E J

C S Q S S I R U H I O I D P U G I V I S R O N E

E S I R R T D G Y X N D W I M L V G T C E T I E

S O L A E T I H A O L A N E C E I N N R I C L T

R R B M P A R A L L E L H E I U T I E Y L E N C

H C O E R U S U P N E N O C R V L C M D E T E O

C O R T W E L E R A H O N Y E F U A U O V I D X

I S S A C O L U R S T I U P H M M R R I A H D A

E P A T K A B B I J E T H A G N I T T U C C I C

C N I T C E R N A L I C N E P K H I S R G R H O

I O N S A C R T U U P U E D U O N A N N L A G M

N I D E L U W T O V R D S M G O S P I A I S N J

G S R U B R E S A R E O S R I L Y N O N N S I O

A N O I T C E J O R P R A S L I E S S A D E R K

P E I G E A H A L T O P N C O P C C P A R V P T

L T G T J S M U C A H E S P R E A O R I S R S F

I X O D F R A S N I M R I A R L L G M N E U P A

A E T M U A L S C I Y I H P E Y R U U P N C O T

T W I N T M R B D Y L S C E M I D B A H A I R E

S R H E L E S D H E O C I E L L I P S E L S D R

G I T P A T A C S A P Y R U D R A E W A P N S A

Birds

Y R T B I P O R E P P A T U L P A C H P F P U C
T S A O R H A W G I A R E G A M U L P E L I H T
P E H T R E O F O L T W E L R U C F U L O T S L
C L E V A R L D R I B G N I K C O M F O T H U A
A E B K R A O B E S S E B R H C T M E I T A R U
R C O A A V R L R H I R A I T R A G D R N C H S
P A P G E R G E R A L L C O N S Y R N O L Y T H
O S A S N A A I V M W K A M O K I R G I I I Y O
R I C G E I K P A O A R L Y W B E D G L T N N S
T R Y N R E M G D D L A R A G G T U F A I N T U
E S L I W R P A E N N P H N D E L I A U Q O U L
L E S L S I E E L I H T I I U R N S G G R E L B
K P N R E M T N D F H M R A C C O N H K B U L R
O F O A T U N R N G M T A R H L E K C E R U W A
G A C T R P A C I U R E K C E P D O O W E A H W
E M L S U C S N H A R N L H S A C H N J O L I N
I F A U S T A R P A N D O W E D P E A D R I M L
L R F S R R E P I P D N A S O R V Y G I R T B A
Y U O J U A H A P Y A N L O H A C I H T E I R P
H S T C H L P W O L L A W S R S A H P H C N E D
P O Y H G L A Y R U O M Y A C K O R Y A P U L B

WOODPECKER
WOODCOCK
BLUE JAY
MEADOW LARK
PARTRIDGE
PHEASANT
MOCKING BIRD
HUMMINGBIRD
BUNTING
NIGHTHAWK
MAGPIE
SHRIKE
FALCON
SANDPIPER
THRUSH
SWALLOW
SPARROW
DOVE
CARDINAL
EAGLE
ORIOLE
QUAIL
MERLIN
PUFFIN
OWL
PARULA
WREN
STARLING
PLOVER
STORK
SWAN
CRANE
RAIL
FLAMINGO
PENGUIN
PHOEBE
PLUMAGE
FINCH
GRACKLE
RAVEN
WARBLER
CHICKADEE

Elements

W T U A D R M A N S N L F O R E A L P H D
E R A S O L U Z S I H M E N O E N N E C O
N W X O U L I U T Y H E U K T U V O A E M
N E M K O R D R E A X K C O C W U L S U E
E N E G Y X O H C R E P P O C I C E I T K
R J N A L G S H E N I M O R B I N S C S A
A U D O E D R I P C A L M O U A S N A I C
C N F N B O B N O S E L R M G A L E A L Y
A E E L M R O S O A O O C N T H A T M I T
A S M I U R A P D E N H A O K N H C U C E
T R U O I S O C L A Z M P G C T E C I O E
E M I D S Y M U I N O T U L P N L L N N W
E Y N I E Z R U B L N U R N V E I A E E S
W E A N N B A U M U I N A T I T U Z L K A
S O R E G I X E C Y T K O D H M M I E C G
R I U T A N E G O R D Y H I L S U O S O J
I W O Z M U I R A B E D U A L O I L E R I
Y J U M B L B R A N A M E C N O G R A P N

HYDROGEN
ALUMINUM
MANGANESE
COPPER
IODINE
HELIUM
CARBON
NEON
SILICON
ARGON
TITANIUM
IRON
ZINC
SELENIUM
TIN
LEAD
PLUTONIUM
LITHIUM
NITROGEN
SODIUM
PHOSPHORUS
POTASSIUM
COBALT
BROMINE
SILVER
GOLD
OXYGEN
MAGNESIUM
CALCIUM
CHROMIUM
NICKEL
BARIUM
MERCURY
URANIUM
SULFUR

Hair Dressing

C A R S U P E T T E N U R B A M R P O E B W E
U C E H S T U C E I X I P G U I V U S D A L G
T N A V E O K V E N P Y O S A S D G S G R A I
H I T L A I L U A D T H U H P I N E O Y H E C
R O L F S H M G L I E W E R T A C T L S U H T
A U B S I E S R C A B N A O B O R I G E O G Y
M E K O L L R I H L I Y S A M A V A U R V P E
T G N A V E T Z U M F E J I V E L U Z U P E R
I N N E S S Z O A M F O N E T O L B T O U W B
O I U I A T A G O U O M L I V Y E A H P R I L
N R G L C U H T A R P I B E L T U C N O C E S
O F E I B C E G U M N S O K S T A P U I Z T D
A F B D S X D B I G T O W A U E H E V T N A E
D E L L T E H T G L L A P E Z I N G N E I R R
Y O G U S S L U B O H G V I E I P O I W S K A
E R R O I L I E C K F G R A L P A L B E C E C
D E I R O D O R W O L U I G E I L U V O W O D
N L M L E J P A I A T A N H O O P V L M E U U
O B C U W A H L Z X V I F F M S W I E R S O N
L R U E L C G E E B T E V E W U V U H T U R R
B O D S C O N T A T V I S O L E L C I E L C U
H G E V T A V W U I R A G I D B A N C O A L B
E A R D D E L C I L L O F Y A R G U C A R D U
D A L H O L D U S T I N G C U R B L A C K R A

DEVILOCK
PHEOMELANIN
TRAVELING GUIDE
GISELE WAVES
EMOLLIENTS
CUTTING LINE
WEIGHT LINE
FAUX HAWK
HIGHLIGHTS
EUMELANIN

PIXIE CUT
ELASTICITY
ROOT LIFT
GAMINE
DENSITY
CHOPPY
MULLET
WEDGE
BUSTED
BEVELED

CURL
VOLUME
TEXTURE
FRINGE
JOOGE
SHAG
DUSTING
UPSWEEP
BANGS
BLUNT

Audio

```
O S C I T S U O C A B B A S S
I M U S I C Q W I H E N I P I
D E S D E K O H C E A E T E N
A S S U B U M P R Z M N A A G
R P R H B O S S U I P T N R I
R E T E E W T P T L L H A E R
K A T R E S O B C A I U L C L
C K E T I L T O H U F M Y E G
A E Y Z K L N O F Q I P Z I P
L R C R S A U M I E E E E V B
B O N D P I O N E E R C R E T
O T E N I X C K L J I K M R H
I S U A N A O A D O E R A I E
D K Q R E O V O V N D N P A R
U L E B I C E D I L S E C N K
A G R I H R E C U D S N A R T
R E F G I V Y T U O E R E T S
```

SUBWOOFER
TWEETER
POLK
BOSE
CRUTCHFIELD
AMPLIFIER
SPEAKERS
BOSS
PIONEER
EQUALIZE
COAXIAL
DECIBEL
FREQUENCY
HERTZ
CHANNEL
ACOUSTICS
RECEIVER
ANALYZER
TRANSDUCER

Card Games

L W S A R P P U S I G L U P P I J R T B K A L
J A V T Y H K E S H I C J Y R B R L B S O G W
A B M T A M D U K O P P R E L A I E L P V A E
G L A S R A M S E L L A P A H W W I K O L B N
I L N U P R T U N N M I C U Z T J E T O P H E
V A M S E R I F R I O K T S A Y G S I N P L O
O M A N A H L O D A J Y P A C D E T O S I T E
Y S H E R O S E H A V E T L I C T I V O N U T
P K H V G C R I C H E J A R S R T P G U C P C
U B I E L A R K F D I Y B B I A E S I H A J Y
K A L S Y I B Y N O G B R K R H Y P R A T U P
T O L V A L S B I E G K I T C I T E N N I S H
H T O J H E M E I T T I N R C A D K I D V H I
S T O R V R U H G R U E B C C U J G A B Y I N
A O N E R H E C F D C I S O E D A K E R G S E
J S N W E A T K H N I C O A T E C T C A P H A
A S L B R E T A O R N R R T H E U R R A L S S
G A P T G T R C E P E R B T O P P A D J L U C
U P S A K V R C P R H A R J U S W E R R U B B
Y S B H A J O G B U L L V O K S S D P U L G R

SPADES (2)
HEARTS (2)
UNO
BRIDGE (2)
EUCHRE (2)
POKER (2)
BLACK JACK (2)
CRAZY EIGHTS
RUMMY (2)
SOLITAIRE
PYRAMID
CRIBBAGE
GIN

GO FISH
CONCENTRATION
WAR
SPOONS
HOLE GOLF
SPEED (2)
SEVENS (2)
SPIT
PUT (2)
THIRTY ONE
ROOK
PHASE TEN

Football

```
A S U I D O S R K R A E G N D U A H C W
F P I P T E F I E L D G O A L H O N M A
R S K A R T S A N U H T C O I R E C M O
R A T A O U N A N A Y C A B C I D A P I
E C H A R D S R D E I E N A O M N G E L
O P R U C H A M P I O N A T A C E T D O
Y U O J E K O E F L R T E O E S T K E C
M B W Y L A L V R E R E D U N G Y A K I
I K L P L Y B E R W C R E C E I V E R D
F E U C C A T C H S R O P H Y R W N E M
A R R S E N K S H O I C P D A A H D A L
C D F M U N I T A S A T E O C E B Z S L
L E P I A R A R O S E B O W L I K O Y K
D R E W B R E E S I N B O N W B R N O L
H C A T C E V F N C G M K A R D L E U N
D E I L Q U A R T E R B A C K L R O E D
K H G U O R O I R S I I E N M O M Y O D
C N E V I D I G S I R E M R N A C I L Y
K O M U T H G E B L E V A M A I E H I L
W I L D Y E N R A C K G T A A H N E C H
K S L I N E B A C K E R K C E G K G E K
E I K P A B Y T K E K I P H T D E E I N
U V M C N T R O B L B E A I O N B G G R
L I N Q D O L R O P O S C G K A P A C A
T D A U S B L W O B R E P U S M F E G A
```

TACKLE
THROW
CATCH
END ZONE
TOUCHDOWN
RECEIVER
CENTER
RUNNINGBACK

PUNTER
FIELD GOAL
DUNGY
MANNING
DREW BREES
GRIESE
CHAMPION
LINEBACKER

REFRIGERATOR
QUARTERBACK
SCRIMMAGE
SUPERBOWL
ROSE BOWL
UNITAS
DIVISION

French Food

N E C F Y K B U N N I K I Y E A F C T U F O L G

N A P S C A N F E M L T O M S F H E T E D D C E

S A R E A H B E G H T U M R S O T G S D B A E B

A W O L R A H O T N R O M E C A S P O S N R O F

W A L R E C G G A T S R L O P P S F S D U R O F

O F O B I R F S I N E F A P B H A R L P D O S S

L L C U O R S F O N F U L E U R B E O A R U M W

G C Q W F I S C E U S N G A L B I W E M I R M E

E T E V O C U H R R P A V A H T A O W M A R F E

S C A R I V C T A L M E E T B E R L C W L S F T

C T C R E A R T E O M L A G L R L F O H C S A V

S C O V N U R E R E O M I L E G N D A T E N G E

I F A G O E V F N C L Y I A O O R F N T I H N D

U C N Y R G U M O N B U C C L I X S I C A N I A

N C T N L A U H C E O H R L Y E G D I N A N K P

N P R O F I C E C T M N I B V F U N D A F E O S

A P A R E F V S A E N E G A E R M B O E L E B D

C R E M L F A T E B V G H I C M M Y T N D R B E

L O H Y E G A H L E J F O C U N E A B A E R L Y

U L R S A R I C R E E I G H T G V R N E L F O B

V I R D C H I L E V U C O A L I R E C U F U G C

M N F E I F E N I A F L R E T A P U C U R I L F

B E C V S I V A G U D T I P N A L P O S V O L F

M A C O A B O R H U E V A P T R U S I B E B U A

U F I C B U L I T P E C A F A E V U L L U R A C

SOUPE A L'OIGNON

BOURGUIGNONNE

ESCARGOTS

CRÈME BRULEE

TRUFFLES

TAPENADE

SOUFFLE

CONSOMME

REVEILLON

RATATOUILLE

QUICHE

MOUSSE

GNACHE

ÉCLAIR

MERINGUE

CRUDITES

CROISSANT

SORBET

TARTE

CREPE

CAFÉ

BRIOCHE

BAGUETTE

AU FROMAGE

Car Racing

```
V I K E S D C F O C B T E P T O L J I L K
G R O M C C O H E R P U A T H G H U O B K
V E Y W I H H D M I E G I D K O M N A M I
W A Y G M O P A R E T E D R C G A N H H O
D O E O O E R T L D T S S A I U O S O S P
W O F M E O L M H L Y L C H C T T I K H T
Y U C O M A D H A R E R D N I E B E R A O
T E K L J O R Y L B G N B R W U N M M A H
U C B C O T H A E Y E C G A S A U Q S I H
C R F D I T H D N A G U R E E M R S Y T W
O O G R O V E J U G R T Y V R O E L A R E
I F W C A K R E Z E E O G U Y R T V Y A K
R N R O L G R A N D P R I X I Z L D A E T
A A E A R E A V H M B R B E Y R E T W I K
M S U W C E P R D N I L S I B A F O G K O
E C Q M M I P E L M O M A D N E N O A A N
T A H E K A N C K I P E C N A P E K R P I
U R B K A R N G E R T U M I T O G A D M S
A T G A M R U B P U P S E A O T N I R P S
L E I U S A T O E R Y R G U Y I I C H R M
R K G Q R C H I N D I A N A P O L I S C U
S A N D A W C N N A Y U K M E S E U O K S
A N D R E T T I N K M R E C N I R Q D R E
T S A W M H I G C Y A W C R H A R V E C M
```

GRAND PRIX
INDIANAPOLIS
PRUDHOMME
CHALLENGER
EARNHARDT
LINGENFELTER
GOODYEAR
DRAGWAY
ANDRETTI
MARIO
MARCO
MEARS
INDY
NASCAR
NEWMAN
HARVICK
GARLITS
SNAKE
RACING
WALTRIP
PETTY
MOPAR
FORCE
STEWART
SPRINT
SERIES

Cheese

MILK
QUESO
EDAM
PAESE
BRIE
COTTAGE
CREAM
MYSOFT
PRIMOST
BRICK
MUENSTER
CAMEMBERT
NEUFCHATEL
CHIHUAHUA
AMERICAN
MONTEREY JACK
PROVOLONE
TELEMI (RUMANIAN)
SVECIA (SWEDISH)
MANCHEGO (SPANISH)
QUEIJO (PORTUGUESE)
COLBY
SWISS
ASADERO
GOAT (2)
GOUDA
ASIAGO
PEPPER JACK
TIJUANA
VERMONT
PARMA
PAGLIA (SWISS)
MOZZARELLA
PECORINO
FETA
CHEDDAR
ROMANO
RICOTTA
PULTOST
PEPATO
MYCELLA (DANISH)
DANABLU
GORGONZOLA
BLUE
HAVARTI
QUARGEL (AUSTRALIAN)

Cheese

R A F P R R E P C P N A M B O K U I E S H

U F W A I D E P G A R V L I T H E A R G V

L E U G H O T I P O S A I L G A P E C B E

R A F L I V T S M I R A T M E L I K L I T

I M E L E T E A A R K G R E A R T U H P Y

M A I N A G N R P I L P O A F E A Q E U M

I L A C O C R Y M E T Y E N T O K Z A L I

L O T U H L M A N O P C M P Z T C A Z T R

E T D E C I O A U Q N O G A P O O K H O U

K A G M Y T H V D Q R T T U M E L C I S M

I O Q U A R B Y O E H T O S H A R A I T O

R G C O V E L T D R U A R K O L O J U R G

B U G S A S R A N T P G R U B M C Y A C O

I T A E N E S C T O S E E Y O O I E T C R

R I W U R A H B D H M O T U K C B R I U K

P C T Q H P C R R A C A S O L H E E P A G

I S O R I A O I V I S F N Y I B A T O L R

B O C N A G U E R D C A U S M N Y N L G L

A K N H A V O H L E B K E E A N A O L R E

C L K I E M A R I T M O C U N I N M O A U

P E S U R D O H E H C A J A G O Y A I P M

U A T D E O D R A Q C I S I J C I C L E M

P T R Y S L C A U L T E M T E L E M O D E

P J O M U S B E R U I R O L U V D I W L A

E I H R A H I O P T A P L I S P I R P U C

K T R I E J A W O P D A N A B L U N A L I

E R F L O V R A S I L E T M C A N B G H C

Weather

BAROMETER
ATMOSPHERE
BLIZZARD
CIRRUS
CLIMATE
CLOUDY
CONDENSATION
CUMULONIMBUS
CYCLE (2)
ENERGY
EVAPORATION
FOGGY
FORCE
GUAGE (2)
HAIL (2)
HUMIDITY
HURRICANE
HYGROMETER
LIGHTNING
OVERCAST
PERCIPITATION
RAINBOW
SLEET
STORM (2)
STRATOSPHERE
SUNNY
TEMPERATURE
THUNDER
TROPOSPHERE
VAPOR
WATER
WIND (2)

Weather

H D A U G W L U C Y F I R E D R O P U S H H U P

U L G L I B L T B O Y K S A R D U C T M O U V O

C O I N A L E L G G O N N B I E O A T P E G V I

E H D D I E L R A V T I N T B N R T E P G E T F

C E V I L N L O E D F R E U D A B I N O R Y O A

A C E S I S T R O H V M O E S E N O I C O G U M

T D U M E A C H Y C P E N P S U I N W E G R R U

C E R L M A C G G E P S A H O T P E N Y M E V E

H I C A S V R O R I A S O L A S S I K I D N I V

O Y E T Z O G A R T L L C T N E P C I N T E M O

C S U O M Z T C I T A D I C A T I H U L A H U L

A F C E M U I O R R E P A G U R T H E N I G E C

S C T V R E N L U S I P E H H O T T U R Z U O Y

T E I E F R A C B C U P L L U I T S S I E O L A

R L C R O N C A R O K B I N C S N U L O L R A Y

C L H Y R A W E V A L U M O C Y N B U N R S T K

G A A C C U P O R W I U V I G E C B O L S I T S

U C L E E P S E W E A S V A N R D I C A D E K C

O H L D U C T U T R H A T A R O T D C I S E L F

L L E I D E T O N A P P C O R A L U M S T O L O

C O N A M I H P I E L I S U R P L U A R U W E G

U M G O M A P L A M R E N O I M H R M D A R R G

V E R U D I T O R R I G P L M A E M Y U E C A H

L A P O T N D E U O P A M V E T O F D E C U C E

B L P A T R I H U A V G L M A T A F H O G A I L

T S Y O I S A W V E O M A W A P I C T E E R T S

R C C I R U C A N P I R C I P O R T D A N I A R

Vitamins

D L A G E M J I F R U I D U T I O N T C

E J B N N U M E P A C I R Q R K I E L U

A R C A I J U N S R C K U T E G I D D F

R E P P O C A D E A O M I N K J E H U B

R L Z I N C A C C L A D I N M U R R L L

H E T P N O R I A G L D I H U M A H E C

B E B N H O L E N R O O M I C B C M U A

A L C I N O L E J I K E P L I L R O N L

K A D I F I S T N E V A R E N B A C I G

C E B D S I D H N Y D A L R E C K R E S

A B N S U M S I O R D B L E H B C M T T

R E I M H I A A D R R E L F T D O F O B

T B E T U N T M N A U D N C O L R S R I

K I T A E I E I B C O S U K T B A C P M

O F O P L J C N A K L U Y O N H I B O P

C A R P L A U L C E I P L N A A W R L E

M C P R F R A L A C O L U N P B S R O B

B I A R R F T N Y C N O V A N E Z F L B

BEE POLLEN
ZINC
CALCIUM
PHOSPHORUS
IODINE
FOLIC ACID
THIAMIN
RIBOFLAVIN
NIACIN
MAGNESIUM
COPPER
PANOTHENIC
IRON
FIBER
PROTEIN

Classes

```
O C A N G U Y G O L O H C Y S P
F U A E G R T W H E L K C C I T
Y R M L A I R T S U D N I W C H
G R A R C E S L B T U M B U C E
O B T C V U D E T U O H D T H R
L C E E T A L L D N E O I L E M
O L R C M I L U O S R L M A I O
I R I T C O O C S P U A Y O D D
C K A R O C E N P T T C N L L Y
O B L T T L M G A U C I K A E N
S S P H E R I C A L E R R R W A
I K C K T C Y P I P T T M U G M
T S C I S Y H P R B E C L T N I
Y R E E N I G N E O H E K C I C
W N K O L C F A I C C L W U T S
A I H K I L R C F C R E K R I M
D I R M L I A U E R A U S T R R
L A C I N A H C E M D L P S W B
J E Y G N L M D N R L U T O E W
A R C E R G Y T C U Q O P T D S
```

TOOL
PHYSICS
DESIGN
BEARING
WIRING
WRITING
ENGINEER
ARCHITECTURE
TECHNICAL
GEOMETRY
ECONOMICS
PSYCHOLOGY
SOCIOLOGY
INDUSTRIAL
MATERIAL
PRODUCT
CALCULUS
FRACTIONAL
ELECTRICAL
MECHANICAL
STRUCTURAL
THERMODYNAMICS

Artists

MARCEL
PALOMA
VAN GOGH
DA VINCI
MONET
SALVADOR
GALA DALI
CHRISTO
REMBRANDT
MARCEAU
GIOVANNI
BERNINI
RENOIR
GOYA (2)
TITIAN
AUGUSTA
SAVAGE
COCTEAU
WARHOL
BARTHOLDI
EDMONIA
ROUSSEAU
LORENZO
GHIBERTI
EVELYN
WAUGH
BLAKE
CHIHULY
PAUL SIGNAC
DONATELLO
ANSEL ADAMS
PABLO PICASSO
EE CUMMINGS
EDOUARD MANET
MICHELANGELO

Artists

U S E C H T E C A R E S U B T I C I N S U C
H I H T E N N E L A M A T T A N T I S C I A
E G C N N I B U K S T I N I N R E B B A C M
O G O H O L V H M A T S W M E T T U P H N A
E M C G Y A I A O I L B U B I D A H I V I T
I A H U N D D N A L C B I G L C M P O L V I
N S U A H A L N I W D H A T U O H O N L A O
S A T W L L V I A F G M E L L A G E N O D N
E T I E L A C R I T A N I L B U S T L I N I
U V S T U G H U G I A O E L A N D I C B A V
L N E A P O K I R M S T T I O N I V E O L P
A O P L L A O C D U A L U S A V G U E S A O
G S A T Y V O R T N V L R R I L L E B U O N
E S T I A N A R O C A B B T E R C H L R Z A
H A D N E U R D C A G M U C V U H S I O N I
U C N I O L P S O L E R R A M P I C K U E T
T I U D I C U M R R U A B M U G H F E S R L
U P E P L A D D U A M E I N N A U H G S O A
T O B Y M V O A E J M N T A B A L O R E L R
O L C O T U T T R I G E C I E N Y I B A A B
V B L T G U C R U S G U H C N A O J A U M S
I A N R R O A N A T N A R L E N V A D U T B
P P H U C H Y R E B I A G I E V I R A W V I
A C F O T T R A I L M E A R V N O M O S A G

Wild Flowers

O V T U P E B A S E M U P O S T D H O V E T I
M L E W A O L L U W C J U S E N E I P P N N E
E S O E B A K S A E A P A S B B R S U W E N H
D N T T D E I L A C O M P A U I E T O N O L S
U T I D T R E P O N K D P T D T A E I R I A S
R W E P I V U B D I N E T M N M O P B N V B K
A F I D U Y S L A P P E D I I P U L S A E S O
P R L N D L I B I L R W S L B L U I T T L U H
O I A I A L U P O F M E I N O E K A L I N M C
W N T D Y S A L L C U Z G L A H E W A L P O U
R G D C O N U Y B O A E T H D C A C E L I A P
E E S B H U W S U S W E P N N G I A M E O R O
R E J I V E E R D G E N A M I V E R M T D I T
R G I N E R R E M E E S O B T N N R E T T L A
U E T D O S E P W U Y C P P O D N A A M R U B
P N O W I B L A L O C E P A L N D E B N A L B
P T U E A T T E J A L I K O C O L K S W I M A
I I W E V E L L S S N L H C W I T L O L O U W
P A N D R U S I D O T T A L A I T U Y E C I M
E N S L P A N L M U C L I M M L L U S T A L P
J S I G R E W O L F D L I W E J B D I P O L S
S L T O E K E J Y O Y I N N U S E P O V T I S
Y E S N W E B O N P U D E S U S O W E E R R O
W I S S T O H E R O S W U L B I T R U O W T B

WATER LILY
WILD IRIS
LOTUS (2)
MOCCASIN
LUPINE (2)
POND LILY
BINDWEED
TRILLIUM (2)
BEE BALM (2)
SNEEZEWEED
BUTTERFLY WEED
JACOB'S LADDER
BLACK-EYED SUSAN
AMERICAN SENNA
ROSE MALLOW
WILD GERANIUM
PITCHER PLANT
MEADOW LILY

Seasonings

```
S I R A N Y U C P G H O N K C U U J O R D S N E J E
N B H O P E X I L T F X A R A S W E P A C H A Q O C
L O C W I N G L A S E R E D W O P N O I N O U K Z A
Y K R A T E I R E B N K Y Z A E R J R R U G B Y R K
M G O F U D Y A U Y N A W E P T R E A E T T W U E I
A I S Q F U S G W I E F I P A N S F D G P N E L F P
N Z E U Y A B I M J Y C E U D I Y B O N S L A Y U V
D A M N L E S U S S A R G N O M E L C I A H A L R H
O P A T O R C C E N C I S O N A L T R G R I E S I A
N E R I R M H I U O K U P M R E A M N U K E R M U C
I F Y D F I A S R R A E L A Y M L A H S S G A O R E
J A F A C S W N I E R N E D A I L Y I X E L S B C F
U S E H E R N I N G M Y S R U A C C U M L M Y I H I
K E I A W R E T G I K U I A G D H E T S A U L U L B
A M O G H K R O C Y C N T C G U S U P I Y C J E O U
I N R F A D U A L E D A J I A C N I E C X D E R N Q
H Y X R Z O Y Q S E F Z O N N A C E R Y B I K G I I
C R E Y P I B U J A W I K S G E U C F C I D U H S P
```

ONION POWDER
LEMONGRASS
PEPPERCORN
CARDAMON
CINNAMON
SCHICHIMI
GALANGAL
TUMERIC
FENUGREEK
CILANTRO
ROSEMARY
CAYENNE
CORIANDER
TAMARIND
CREOLE

SAFFRON
SICHUAN
GINGER
AJWAIN
ALL SPICE
FENNEL
CURRY
NUTMEG
SEA SALT
MACE
DILL
GARLIC
MINT
CUMIN

Types of Trees

SLIPPERY ELM
COTTONWOOD
CUCUMBER TREE
BALD CYPRESS
CHINKAPIN (CHESTNUT)
HAWTHORNS
PERSIMMON
BASSWOOD
SYCAMORE
BIRCH
BEECH
MAPLE
PIN OAK
LARCHES
HEMLOCKS
SPRUCE
CEDAR
JUNIPER
MAGNOLIA
DOGWOOD
BUCKTHORNS
MULBERRY
ASPEN
POPLAR
PRIVET
ALDER
HICKORY
ACACIA
BOXELDER
ELDERBERRY
CONIFER
GINGKO
PUSSY WILLOW

Types of Trees

S O P I D E R C I D O R N H I D R E H S O M N

O R A H R P U R O A F A K O R T A G G E L L E

L T P R I K O O R L E W L A L O P F F I W E R

L A H Y H P W G E D O W B O T A T E R O R Y W

Y U E P O N Y K D L R R U W I E Y R O T I R O

T C A L E K O L L Y E R O R C L B U R I B E C

H C U T D O G I A D F O L A R P A E R T E P Y

A L T E I E W N L A I W E T E A B R E U R P P

H O G O H Y R E I N N R O K C M N I T C U I R

C H N I S N X B I G O P A R U T R N A S H L E

E P I S L O M R E M C O P C R E I R E S A S L

R A U T B M L U A R N L U K P H A S H E J Y P

O P D A I M O C L I R C S I S I R H C R I B L

T I R L R I Y S P B O Y N E L S I R C P E Y A

S T O E E S I N A P E U I O H G T I S Y L M T

E V I N T R O R C I J R N G D C U V K C O E E

N A C V I E C O R H Y G R O E U R O C D T G U

H K H O E P P H T R A O O Y A M H A O L L A L

J A I C A C A T O M A W E M R O G O L A K L O

O J S I R R A K I E S I T A G R W R M B O A G

H K U P N O C C N S A T E H A G A O E R L T H

O H R L E I C U A I O R V B O L R D H E T E Y

T C T Y H N U B C O H O I D P R I F E A T S P

U T U R C N I A K R O C R O Y Z N A R C S C T

I R B L E A T C L A G O P N A M I S O R A R O

Tree and Leaf Descriptors

NEEDLES
CLUSTER
BUNDLE
OBLONG
LINEAR
LANCEOLATE
PINNATELY
PALMATELY
LOBED
COMPOUND
CORDATE
ELLIPTICAL
CONE
ACORN
NUTLETS
CAPSULES
KEY
POD
FLOWER
FOLIAGE
BROADLEAF
BOTANICAL
LEAF STALKS
FLESHY
DECIDUOUS
KEEL

PISTOL
STAMEN
TOOTHED
TUFTED
BALSAM
CITRUS
SWOLLEN
FORKING
GARDEN
HEALTHY
WOOD
ENDANGERED
PALE
BLOOM
DARK
BROADEST
JUICY
LANCE
RUST
BLACK
SILVER
SCARLET
SAPODILLA
GUM
VERBENA

Tree and Leaf Descriptors

C R E T R A G H A V Y T U F Y G H I L T

H W S H A F O C T H T I R Y J A T C W I

I M T U P M L E T D T I G R H U T R A M

R A A I R H A L T L O P O M R R I E B A

D T C S A T A F O A L O S E T Y U C A N

N N H I L E I T O E L S W E T E A N Y R

I E U C H A S C T Y U O Y R I S E A A J

K R L O O I B S H E L P E S K B U L R I

R R O L P L A I E F N E T C R U L R E R

I E A F O M U L D R D E T E N I H A V A

T N K I G W O A O T L E V A D A S I L S

P O E L N B S C H T S U R O N K L R I K

E C E E E I A I U U A E P E L N A L S O

R I L D L P L N T F L A D A G C I P E T

E L U A S E F A I T S G T A S N Y P E M

I S A U C L S T R E U S A G O L A L I K

L R L E E I S O T D F O N R E R R D C I

M E E S G T T B U A E I P T D A B A N W

S U H T A A U P E D K T A R C E L M Y E

O Y G M S N I L I R I M A S I G N O L T

I G E E D U P L O L L C E D K R A O C I

G N O L B O L F O A L Y E K R A E L A P

Y O E R E P A C P F A E L D A O R B D O

O F Y U C I T Y R E H T R O D T C U C K

Thermodynamics

TURBINE
PROPULSION
TRANSFER
ENTROPY
PROPERTIES
VAPORS
FRICTIONLESS
COMBUSTION
REVERSIBLE
ENERGY
REFRIGERATION
ORFICES
MOLAR
COEFFICIENT
ENTHALPY
RATIO
EQUALIBRIUM
EXPANSION
CONSTANT
VISCOSITY
PRESSURE
DIFFUSION
EXPONENT
ACOUSTIC
VELOCITY
INTERNAL
ATOMIC
MOLECULAR
KINETIC
TRANSLATION
TEMPERATURE
VOLUME
ATOMOSPHERIC
SYSTEM
HYDRAULIC
INERTIA

Thermodynamics

```
Q U E T D U O H G N E M P O R F K E Y R A C K I T
I N S Y S I S C N A L O M R E S S I E T U S I N O
N A E W R R C O I N E N A L L E T T N U S E N S C
S U N R O E I H O R N U B Y C H R A N E S T E C H
N I S P U S F I N O E I B I W I T H C U T W R I O
Y M A S N T T R I E S P F U I S T O C L L I E S L
E V E A E S A S I R R I S E N O R S U B O X C Y B
B O P T U L L R E G R S Y O P P Y S U E P A L H G
Y X L B R U N V E O E T C A M T A R Q O E B L P F
E R M A P A E O E P I R U M I T R U N E C A R B A
B O A O T R N R I S M I A C N N A E M O I A B I N
C E R L L A U S O T O E O T H L N U E T E Y R O C
A P U L U S O C L L C L T Y I T L F R N T R I A R
Y G P S S C S R A A E I D B B O F E I C E T A V E
U G O E E I E R I V T R R E V I N B U F A B B Y N
M A R H V I E L L T A I F F C I R A S R U D E R A
C P I E M T T P O U U C O I T U N N E Y L L A T T
A I P C N E A R L M S S E N T H A L P Y N C R S Y
N E M I V E T I E S A N I C Y R E O V O C A L I C
I B Y O N M C S A P T E U H T C R G I E L U O M N
K U D P T A R E Y R O N L O C T U T L O S R I E S
C C E L L A R C A S I R T A N L A E M E W E S H O
O U N O I S U F F I D I P E A R R A E T U N C C U
R F U N D L S O R C I M O B U F F I D L I E T I R
```

Spanish Fruits and Vegetables

```
U M Y P F I R E P U L S I R A E Y
T F I A N A X I A F O H C A C L A
A T D A D M A D A L A S N E C K L
E Y M N R N A C K D T A R A L A P
T E A I H E U N I M K E C S A J W
Z A L P U O P S Z E Z E H C I N R
O R E T A C A U G A E K I L D A A
A S X A I P R I O S N A L E U R S
S O D J S O A M D L E A U K J A E
I N U N O G C I G U E L C A C N U
G A R O H A A I R T J O O C A L B
O D E R G R N B A O T G R J N A M
A N A O U R I G C M H N B R I A A
L A C T Y A P H I A T A X D P R R
I R H C U P S E M T A M N I O T F
H A E S A S E R F E R A O A D M T
X A F L X E Y V O I S A V U Z O E
E U Q O C I R A B L A S A N D I L
```

ARANDANO
ALCACHOFA
ALBARICOQUE
ESPARRAGO
FRAMBUESA
ZANAHORIA
MANZANA
BROCULI
AGUACATE
TORONJA
ENSALADA
ESPINACA
FRIJOLES
CEREZA
SANDIA
TOMATE
MANGO
PAPAYA
NARANJA
FRESA
JUDIA
MANI
APIO
PERA
UVAS
PINA (2)

Spanish Food

A M P U M A J A C I H C S M U L I O P S
M U H O L A F R E S H U P E A S W E E T
N E C I L R A G E H H C R T R M U C U H
C T R J A E A D A N O M I L M T U P L O
S R I A F D D R C L E O H S E S S N H U
P S Z Y C A I N G R E D I E N T E O K G
R L R I N N M B Z O N A T A L P S M P H
A E C I A H O C E L O V E A N A N A S T
E R C E H M C N K B T E P I A S V J P E
G O R B M O H O C T A L L O B E C O S A
C N O E G F C T J E D H T A N U S U A G
R B A V H S V O D L P N T U B B S A L U
P L D S E A R C N O M I L P C M O L L H
K Y P R O U D O N R O H C L Z A A E I C
R C F O O D H L J N M A K E O R T U R E
P T D A S L T E S E L O J I R F A R R L
A S E N H E L M L P O N M A R I T I A C
S N J K N C U O I N A Z A B A L A C P O
M I U Z Q U N Q P K C A R N E B P Z N L

PLATANO
COCINA
MAIZ
COHOMBRO
POSTRES
BEBIDA
HUEVO
HARINA
COMIDA
FRESCO
AJO
PARRILLAS
JAMON
INGREDIENTE
LIMON
LIMONADA
LECHUGA
CARNE
POLLO
MELON
CEBOLLA
PASTEL
MELOCOTON
ANANAS
CIRUELA
PATATA
CALABAZA
FRAMBUESA
ARROZ
FRIJOLES
QUESO

Sound Studio

MICROPHONE
AMPLIFIER
DISTORTION
TIMBRE
SYNCRONIZE
DELAY (2)
PHASING
REVERB
COMPING
EQUALIZER
TONAL (2)
HARMONIC
COMPOSITE
ABSORBTION
ACOUSTIC
IMPEDANCE
SCATTERING

REFRACTION
DIFFRACTION
ALIGNMENT
RESOLUTION
DAMPING
COMPRESSION
DECIBEL
DECIMATION
MODULATION
DISPERSION
DUBBER
DYNAMIC
ELECTROSTATIC
HEAD BASKET
IMMERSIVE
ISOTROPIC
CHART

Sound Studio

C S E A D C R E T I N Y T T L A G Y W A T U P
G H O E L R C N U E F R I O L C A G R E V I O
E B A T G A E Z Z L E G N E I L A R K L S I U
R U T R I M B I L B D A V T E G L S E R S T H
Q O K U N M N S L H E I S D N T A B N B A I T
N U H G H O B E O L S U S I L B I O C U B R P
L E I S R R V R I R O W R P D C I S H T A U O
Y L U C N B I R E C B E H A E S S R O H M A D
A G N M A G Y M A E T T E D S R N E C P V U L
C Y E I C N M E P T U H I E S R S Z E G M N B
S N R C T I A O A E H A R O H G R I L L T O D
T W I R U S T C D A D P M A N E M L O T B I C
N I L O H A S A L U M A G P S S B A M N U T T
C A H P U H M I T O L M N O L L A U Y O A C H
Y C E H A P D O C S S A L C C I H Q R N C A S
N N I O I R P E R W O U T R E T F E V O E R S
D C H N A S R C C A T R C I D U F I L I U F L
U E G E O P O N M I Y O T Y O R R W E T B F O
L B A C I M A T O N M A N C A N N T U R G I N
L T E L P U R N R P E A C A E Y T R E O I D S
E A T I L P H A R O M E T U L L A V I T U D S
P I N E T M M E H I P I N I W R E L L S G A L
U G H O U T S U C C O I L Y O R G D E I V U A
R G N A T S L B A N S E C I N N I A S D V O T

Shoes

L S S T A L F H E E L S E K O H C

S W A I B M U L O C K C A B D G O

I P R M B I V I E L R A R N O L H

A I N B T O K S N A D O R L E L G

R L O E I P C O S R O K C K E W S

B F V R O R K I O K C T O S L E E

B A R L C O K B S S E S H B L D O

E R F A H N P E I A P T C G E G H

A S O N A U S I N O D B C I R E S

F T C D M E C O L S K I N H R S R

T A G A P D I F E L T N D M E U B

I L O B I E S R E V N O C A M R F

B F I F O B A A T Y N O C U A S S

A E K I N C S I N N E T O K P Q U

R I N O H E N B D L P O T U G A D

ASICS
ADIDAS
NIKE
PUMA
CONVERSE
REEBOK
CHAMPION
BROOKS
SAUCONY
MERREL

BIRKENSTOCK
DANSKO
SKETCHERS
TEVA
TIMBERLAND
CROCS
COLUMBIA
CLARKS
BIVIEL
SO

Sewing

C U R H U N G P A K A N E I L D S L I
N R A C S P A N S U O Y O E L L K A T
H I E R A C T G N R Y T Z L P O O L U
P A H M E H N A I G H S Z B E H I I R
P Y K C R I T S P C U L A M E U H A I
C Z U E T M C H T E I L B I Q C L S P
O L A S R I E I E L M R B H B U M U H
R D A E S Y T H I M O E L T C A A J J
C B I S A S I S L I M N A R E O R E Y
E E O R P I N U D B P I I S C V O C C
M R S I T E K E U N H C N E U E W R H
S U L V E R R T G H A M O G T R O A E
T S O D A Y T U N W Y H Q U E C E P M
R A L U V O G N I N N U R P H A K H I
A E R T N Z A E H P I A P E G S S A B
S M I S O V R E E V G I T R V T D R E
C A R Y O T U D R E R H W I S O F P Y

NEEDLES
THREAD
THIMBLE
SCISSORS
PINS
TAPE MEASURE
IRON
BASTING
RUNNING
HEMMING
SLIP STITCH
OVER HAND STITCH
SEAMS
BIAS
OVERCAST
CIRCULAR
BUTTONS
SNAPS
ZIPPER
CROCHET
KNIT
EMBROIDERY
QUILT

Musical Instruments

```
I Y S U O R E N E G A D N A H R P O C
O S O X J M U S I C L C A L M I O S A
H N Y A L P F M A J I E I R A T S R L
C L I S O O S S A B A L I N L A E W I
O E P N N E T A L I M L E B O D L O O
E V V L I I S C P E G I T L I M O T N
N T I O N L F S R O N U R L G M R L O
I B O E L I O N A R P O S A E U Q A K
R S T U D G G I A B C S H O M R B I H
U S U D T R O C V D A U S P G D N U I
O P L I A Y C O I U P I E I O N G E C
B E L N E O N N T R U T H P K X A L I
M A D I R A G R A E K N O O S S A B S
A C A D R A O H S P N E V O L R W S U
T E I P I M C H K S L O N A I P G O M
Y A O I B A I U J C A E R N O U G Y L
N S T O I N R O E A M B E U I J U P X
O   N N E A D L A R P T P T R O N E T
I E F R Y N L S U D O M A J S S O A A
L Y T O V O I R P E A R R M D L O H B
```

CASTINETS
DRUM
STEEL PAN
MARIMBA
PIANO
BASSOON
CLARINET
BUGLE
SAXOPHONE
TRUMPET
ALTO (2)
TENOR (2)
SOPRANO (2)

BASS (2)
TROMBONE
BANJO (2)
GUITAR
SLIDE
HARMONICA
VIOLIN
HARP
CELLO
FIDDLE
ACCORDIAN
TAMBOURINE

Spanish Fish

K C I D S P I L R U S S I K C O C O

A P L N A I H C R E P N J I Z E R K

S L I H T M K E G P O K I N G E R A

U O L L U B R I C A N T E L D O P M

N R P A N G U O S N L O I E R U F A

F G S A B L D I D S A L N K L A X L

I A C E R A M A L A C A I P C C M C

S S Z J X G C E R U R F O N H I H E

H M E E A Y O O C G B E I O E O D N

A A H R P T C S K Y O I P L B T T I

S G T O K A M C A L I L N M K P A H

E S U R B S U N A L U L E A E E N S

O U I L K S I U A P L J G Y S V I L

Y T A K E D Z R W I I U K E T O B I

S C R T R B T W G L L C V R E L U A

T A H A U S B E L E O O B E R O L N

E C S H O N U O B C L I H S I F E S

R O I N O L N I L R A M E V O L T U

E T F R B O D I U Q S C O I N O U N

PEZ (2)
ATUN (2)
ALBACORA
CALAMAR
BELUGA (2)
PARGOS
MAKO (2)
LUBINA (2)
SARDINA
OSTRA (2)
PULPO (2)
MEJILLON
MARLIN (2)
CABALLA
LUBRICANTE
GALLINETA
GRANEDERO
ESTURION

Spanish Computer

S R C O N N E C T I O N Y R O M E M O R
O E I J E S U O M B S L O I D A R Y D B
N W L F T M A R G O R P O V I H C R A A
Y O C K O A P G F A T E P R A C R U R B
B T R D M T K T E C L A D O S Y A K O Y
P J E L N E W T A L O V E U S O T A D D
R M D I C A L S K R I P O T P A L N A O
A A G I R K V O D A J K A S S C D E T M
H N I E R R I E D O M T A G U I T S U A
S A K S L A C S G C M M A Y E T G A P I
K I L C I G A I S A C I M O E V H R M N
N R E R S R O F L V D O N I L L A T O H
O O R I T A I C Y C O O F I S R A N C E
I M I T R C B E E T M I R E O F R O Y I
S E F O O S O T A N E S A R T N O C C L
S M I R D E C Y S V E N S S A E S R V C
A R M I V D K B O T O N R O D T E I J Y
P P E O R A L A T S N I Y E R A R R O B
R I D D E C O G T I O N N S T Y P R B O
E H O G S F P E A E C I K P A N M C A X
I C M O H A W M Y R I M I R P M I M O D

DOMINIO
DESCARGAR
BORRAR
ARCHIVO
CARPETA
NAVEGADOR
BOTON
CLIC (2)
TARJETA
COMPUTADORA
TECLADO
MEGABYTE
DATOS (2)
ESCRITORIO
ICONO
INSTALAR
INTERNET
MEMORIA
MODEM (2)
SOFTWARE
PROGRAM
IMPRESORA
SERVIDOR
CONTRASENA
IMPRIMIR

Mexican Food

L E S A L T O E S I P E M S U F A P P L O H G
E T S O U M A E R C O H G T E E R S E T I B A
A Q I L P O L U L A S S W U G L O H L A N S T
P U K F B A C E N B C A O U D B O O N A U P U
P I V I S E L A N O J C A T W O D J L A S I O
I O S O J O T B T A Z C U V I A R L I P U L M
N T N U M A M O B M A I N L C U I L R R F E I
O H A E G D I A B M A U R I L D Q I V A F V D
H Y B T L I L L O F W R P O A L L A V A F O E
T R E A T L K L W V W C A S H A B B T T I L L
E P S L I F E H U O E G E T H C O U R G A I A
B B O T H A P R O T D U G T M M A C U M O V M
D A R N S D P R S L Q A H C P L U S A T N E T
A O C C E R M I M G L O C N F P A T N B I T P
T T I M O P B A C O M O E N O P I C G A R R A
F J U M A T A B D O N A P S E C P G D H V A S
A A A F U D E L U V D A D L H A Z A B T T U B
L B V T I M A T A R Z E O A R R L O B O V U U
A M A S I U N N E J A Z G A T I L Y R I R C Y
O L E U G D I V A L O E G A H S L U M R U T A
V I N N H U R A L P E M A C L S O M I T A U R
E W E P U C R O F A M O N E Y L A T U F O L R
N L I P A D U F G U R E P P I B O M J U B C U
G M O R E N O U V B Y E R G O P A V E N L D B

EMPANADA
FLAUTA
FRIJOLES
ENCHILADA
GORDITA
BURRITO
GUACAMOLE
JALAPENO
MENUDO
MOLE

NOPALES
POZOLE
QUESADILLA
SALSA
SOPA
TACO
TAMALE
TORTILLA
TOSTADA
POLLO

BARBACOA
BISTEC PICADO
RELLENO
CHORIZO
LENGUA
TAQUITOS
PICO DE GALLO
ARROZ CON HUE

Flowers

T O U C H S A I L B O A T S K I G
O H U G H E A R T R E D N A E L O
U L P L A N T I A H U G B U B I O
C A L O V E A C S A C P E C K P D
H N O O M C T H U Y O E S A S S Y
S M U I N I H P L E D C E K I Y S
O D A F F O D I L O E A T B R A T
E S E X Y T L S A E P L O B I A F
S E R E T S A E R L O L F L K A L
O I G I R L N S A T W O H U N I O
F I R E V O T T U N K A S E C S W
T A T I H P A T H U D M S B U H E
H S A H A C N Y B E T E I E A C R
A H D A L L A C H O T G R L A U S
G C P A A C O S M O S E L L O F E
E T E L I S S O F C O U I S Y U L
K A H N V L B R O M E L I A D S E
I W T P U C R E T T U B O A T U E
S H R A Y S M W A H T S K I S N R
S C A N O E M O S S O L B U R N T

BUTTERCUP
OLEANDER (2)
LANTANA
CALLA
LILY
BLUE GEM
ASTER (2)
DAFFODIL
DAHLIAS
DELPHINIUMS
IRIS (2)
HYACINTHS
COSMOS
BLUEBELLS
BROMELIADS
CATALPA
FUCHSIA
LARKSPUR
LILAC
SALVIA
SCAEVOLA
SENECIO

Car Parts

R O T I N H E R I W E S A S U E T Y D A M L
O V A D L O F I N A M T H V K O E U N A D A
T R A N S L I P S U O I G A E L A O N B R I
E L A U N A M S I R F T R E T L I F I M G L
R F O L D P A S N T A B C I R T A M K N V B
U U S D O S N U N E S E R T C I S C I Y D P
B S L I C K S S S A P E G A Y N O T V N A P
R E Y F A C L T U C R S R I A L I A A P S Y
A U R F S I B R O T E T U R B O E T E A S A
C H B E T L N S R T O S T S N H S R I L I W
E T I R N S S O T B R U P Y R E D A E H K H
R F C E A I M L I A O A T L H C T U L C G G
U A S N K C A M N T C H N I R F N N E L N I
S H K T I S O P O M C X W S N A O M K C I H
S S C I N O R T C E L E F O M G E L C R R U
E M O A T R C I R T V L J U L I I G O E P R
R A D L A B C P A I R L O N N B S T R D S E
P C A O K L A V T A U R A D I N O S I H I K
K O E L E C T R O N I C S V A M P U I R C C
C P H L A U D A P U L E E H W Y L F L O W O
I P M C O T N B E D I L S L I K T A L T N R
R E A T U N O I S N E P S U S P E B L O N E
T R E A D E P S U S R N P R E S S N A M I P

INJECTION
ELECTRONICS (2)
EXHAUST
TURBO
TRANSMISSION
MANUAL (2)
CLUTCH
GEAR
SHIFT (2)
HEADER

BLOCK
MOTOR (2)
FLYWHEEL
DIFFERENTIAL
POSI (2)
TRACTION
SUSPENSION (2)
CARBURETOR
FILTER
VALVE

SPRING
INTAKE
MANIFOLD
NITROUS
SLICKS (2)
FUSE
CAMSHAFT
IGNITION

Motors and Drives

BEARING
DRIVE
SENSOR
COUPLING
GEAR
DESIGN
TORQUE
LOAD
CYCLING
OVERLOAD
PROTECTION
DISSIPATING
LUBRICANT
NEMA
NEC
UNDERWRITERS
LABORATORY
INVERTER
DYNAMIC
ENVIRONMENT
RATIO
HORSEPOWER
VOLTAGE
VIBRATION
SPROCKET
ALTERNATING
DIRECT
CURRENT
SHAFT
INDUCTION
SYNCHRONOUS
SERVOMOTOR
SHARED
DEDICATED
WINDINGS
SHUNT
ARMATURE
RESISTOR
REGENERATIVE
QUADRANTS
REGULATOR
CIRCUIT
ENDPLAY
PRELOAD
TAPERED
VELOCITY
MAGNET
POLYPHASE
DUTY
PEAK

Motors and Drives

E K W A G M A Y I G E R F K E Y R G U M A M W E
K H Y F D E R F R N H A V E G A C A V U D O R F
J U T D A J A N G O J I D R I J H E D I X E Y I
E G I H O N H R V O T R A N F A R I R H U T A H
R A C A L C E N A K E A D Y F A W W J I N I G O
Y G O V E T A R U G G U R T N U H S S E D S G W
V U L F R N A J U O C N N O N C U P R S E R N U
S T E E P O G L X T J F I U B O R R H A R O I R
W E V H T I A S I X A F U R N A U O K H W T E X
E N A F H T E O R V O M R O A C L C Y P R O J U
I G E R O A N L K A M I R J A E L K E Y I M I N
J A M R E R A P H M D H N A Q H B E H L T O N H
R M O W H B U L G E C O U D A U L T V O E V W S
A G V K O I R R S N I U E S S G A T T P R R E S
X O D R Y V O I Y T I T Y E J A N D F U S E A M
H E A G E T G S C M A T V Y T E E A R R G S U U
I F V N S N A E T C L I A M M H U O L A H O F D
R O F I W A T H I O R L Y N U G Q L T K N I E U
U P S T T O L D A D P I O N R I R L U R G T N G
J E H A R A E G U D D R R U H E O N V X A S S U
R A T P O D R G N S I H E M I V T N U C E U H T
E K M A X D A E A V E E W A J A R L I D E G O J
Y O Y S P U F O N D Y D O I G G U D A N N A W I
I T J S A E H E L E T X P A N G E L Y I F S L N
G R U I M I R A M R G O E U I D T U L N E H U G
F O N D O J A E U A E E S Y L L I P A N A S B K
K V A W N A K K D H E V R A C R U N S O H N R Y
I J X E L V A R O S U G O F Y O C O G U I T I U
K A H Y G E I R N E J I H I C E R A G S O T C C
K U M O R I U H O D U R E J U S I J U I K R A A
A E F J A S A W I V K A D U W E C A N H R E N R
S E W U D I G G E N Y R O X A E U F D I J A T S

Geometry

COSINE
COTANGENT
COSECANT
TRIGONOMETRIC
FUNCTION
BISECTOR
PERPENDICULAR
RIGHT
TRIANGLE
ACUTE
OBTUSE
HEIGHT
OBSERVER
RESPECTIVELY
VERTICAL
HORIZONTAL
EQUATION
SOLUTION
TRANSFORMING
IDENTITY (2)
CONDITIONAL
PYTHAGOREAN (2)

THEOREM
EXERCISES
RELATION
FUNDAMENTAL
FORMULA
SEGMENT (2)
HEXAGON
OCTAGON
PARALLELOGRAM
DISTANCE
ADJACENT
ABSCISSA
QUADRANT
ORDINATE (2)
INTEGRAL
LOGARITHMS
RADIAN
STATEMENTS
POSITIVE
RECIPROCAL
GRAPH
CONVERSION

Geometry

O H A B B U S I N E M L I U G E A M I C Y O N P
G I X J E L A R T U T E A H I B A N E W S S J U
H U M A C N U H E S H T T G A X I A N B I G I C
Y B I L K O G R A C G E M U N N E I C U N H O E
A L W N A I S T B R I W A N H A N D U I N N U L
Y L G R E T T E J O R P I S Y H I A M N D U J I
I T A H A U N E R R C Y R P S T S R R I T E B S
J S I C B L L O E G E T U C N I O T T E C A G U
A S U T B O U V Z U Y H A E A F C I S I L D U T
Y T I O N S R C C I S A M G S L O S R L I N N M
E E X A C E C T I E R G A N O N U T B S M E E T
I S A W S O D E S D E O A M A N E W T A C R C X
T S U B J U S I G S N R H L O M M A R A O B I C
A L O T Y L C E R R T E N N O C N G J E Y N N I
C E H Y B R A O C E C A P N C C O D H T J I O N
C M Y S E O T T C A E N O R E L A T I O N J I N
O L L X M C A G N R N G A W E C T T A T T P S B
W N E M E H R L O E I T I L M P N I R N O E R N
A N V S P A T G U R M O L S L E N G A S G H E S
L O I V P F A I T M R A M O D U R R I M M E V I
Y B T H O H R E R D R A D I L A D T E N R E N N
U G C T T U H G I A E O Y N L A I N O P R O O T
X G E Y A G E N P O G U F E U V T I N T I G C U
A I P P E T A N I D R O U Q E F T T I T A J L B
G O S T A T E M E N T S L E B C U C A X G A L E
I C E N E T S I O M R L C U N N A U E P G E M I
J B R E N X O C I W B A L U B L Q H O P I B M H
O L L Y B U M I N E G I F B J E S S I C T T H G

Letter Writing

BLOCK
INDENTED
MARGINS
BUSINESS
OPEN
CLOSED
PUNCTUATION
HEADING
ADDRESS
SALUTATION
WRITING
SIGNATURE
QUESTION MARK
EXCLAMATION
POINT (2)
COMMA
TYPEWRITTEN
BODY
DATELINE
SINGLE SPACED
CLEARNESS (2)
COMPLETENESS
COURTESY
CORRECTNESS
DOUBLE
DEAR (2)
ATTENTION
REGARDS
SINCERELY
CONCISENESS
COMPLIMENTARY
LETTERHEAD
PRINTED (2)

Letter Writing

F E C N A D J R I M E B L A S S C L E Y W A C

Y K A N E B N N E W O L C G J E P O D C Y S A

U D P S L I C N O L B R N E R A D O E L S T B

L U O S A H I L L I P I E U E K B A T E L V R

D L O N U L I D L U T A T G I N A M N A V A C

C L O R E T E L N I R A M L A T I R I R P A C

L B L T U T O C R P N O T E P R A L R N E M L

I R A C N B T W A G O N G U F E D E P E C Y O

A D T E S U S I I N I E K D L R B S U S N I V

U Y D T A S U S R O E R I C E A U S O S G O A

S N O T N I S U P W A O I T A T S R L A I S A

I D I N D N S E M M E R O T A E N N A P S A C

O O Y P E E A H N N E P O I N L A I U E S A C

N B L R C S P O N T P N Y E O I S U R L D L I

A N R G A S I N O L C Y T T E Y I D U P A L C

V H E M P T M F I N D E N I S W D U S O C T A

N A L U S R N U T E L O R E F A P S L O E H U

C I B E E F A E A P I S T R E R E T M E E D T

A C U Y L V E H M O R R I H O N O M A C S O N

U Q O V G I H O A I U N R N E C A O I T N O P

T I D O N I C E L O L E G S C H N I R K I A M

T E R C I A O K C E T P I M A E N L E T G A D

I A S E S L U C X T G C M L P B R A N M R A J

V U Y O U R R O E F N N E O R O M E H E A L H

N A L P A T E L M O H T I O C W T C L I M T S

E C C E L H O B C S E N N D A T E T C Y E R C

S S D I K U Y L V U T L E R A U Y S A T S Y O

A C S R E V A H C Y O N L C X E A M W O H A R

U Y R M D F L O H E G S A C V S H D A W U Y J

Arcade

PAC-MAN
DONKEY KONG
ASTROIDS
SPACE INVADERS
YARS REVENGE
BREAKOUT
PITFALL
FROGGER
COMBAT
DEFENDER
MILLIPEDE
NIGHT DRIVER
POLE POSITION
STARGATE
WARLORDS
DUNGEONS
DRAGONS
CROSSFIRE
ANDROID
Q-BERT
BURGERTIME
CENTIPEDE
ARTIC THUNDER
CALL OF DUTY
SUPER SLUGGERS
GALAGA
DIGDUG
CRYSTAL CASTLES
JOUST
MISSLE COMMAND
TEMPEST
GRAN TURISMO
TRON
GTA
PHOENIX
TAPPER
BIGS
SPEEDRACER
NEED FOR SPEED
JUST DANCE
KINNECTIMALS
GUITAR HERO
LINK
ZELDA
MARIO KART
MADDEN
MARIO BROTHERS

Arcade

A F A N J P E G W A P F G I V E W T A U S P H U Y L
N S A N O A S O U C A R E D D A D N R S E F C T A I
W O P O U R D F K E S G U S R O I E R A R V U G K E
E K R I S E U L I R O A R L E G N E P E K D R I T F
A S N T T G R E E C T E O A H R D K D I F O R F U R
S X O I S G I C I Z G R E T N A I N E O L W I A O A
P I U S L O A B T G D A D T V T E F L Y C L G R K U
A N K O O R A R U S T R E N A F U L S R K A I D A G
W E G P D F E L O R I A I P E G A R Y S L O P M E M
F O R E L B S U D V G E P D O C R S I A O F N E R S
P H E L Q R G V E C C E O P N E T A G S U R O G B R
S P D O E L U R E A T R R E E A S S T E M I C G Y E
S U N P C A D U P I E E D T L R M A D S W O V A C H
A K U I N U G S S H C D I C I W B M S I Y F R P D T
Y S H T A W I R R Y A C A P E M M T O S O S I U K O
P H T F D A D A O M I S T A O N E U N C R R N E A R
G U C A T H T C F O T O S C A M T O W E E G T N I B
F M I L S I C H D L A K E M T P G I V W E L D S M O
K E T L U W P G E B U S P A P A R E P O G R S T A I
P I R G J A Y S E A M O M N R Y N U N E O K I S S R
S L A M I T C E N N I K E D U G U S A I D A P L I A
H A F E I G U W I C H O T G E K R E D U T E P Y U M

Skeletal Terminology

ILIUM
CRANIUM
MANDIBLE
ULNA
LUMBAR
FEMUR
SACRUM
SCAPULA
METACARPALS
METATARSALS
MAXILLA
FIBULA
COCCYX
PHALANGES
TIBIA

GLADIOLUS
RADIUS
PATELLA
TEMPORAL
VERTEBRAL COLUMN
CLAVICAL
STERNUM
HUMERUS
CERVICAL
TALUS
MEDIAL
LATERAL
TOCHLEA
MEDIAL
MANUBRIUM

Skeletal Terminology

A P E E K R T S I R W T E E W S B M E R A C

C A R E U M N O Y R A C Y M L O T C U A R P

A I E M H O R M T I U H S A N O N A T I K A

V A C R E S U D E R T Y P E M E J I H U L R

E T R A A N E R O T U R A H E Y A B U L R I

O R B E R G C O N L A C I V A L C I E K A I

D A M E T O T M A C O T H U A L O T I A F G

L T T L C A H G A V A B A C M U A S E S O M

O S U C S A P T I X E L I R A P S N O C U N

H E Y U N U E B P V I V C E S C A B G I T O

I X G G A M I L X U R L X A C A B U N E V E

K O U A H G U C A E R M L I N E L A P A S K

B U E C U M A L C R B L V A H E R S E B N I

G A U V B U G R O F O L S O G C U Y E V U L

H E T A O R E Y I C A P L U G H S S K U S E

C L R I W L T B I G L D M J L U G E V U W V

I C A F I H U A M A J A H E I O T A R R A O

A S N L E L N A L M N O R D T T I E S L O L

Y U R K A M E L Y U U R A B M A M D U D A Q

R M S A N L U L B S S R C E E U B P A T A U

P W G U H W P R A Y B W C E H T A P E L E Y

A E C C A W I R T I C A R A H C R R I S G M

C N O N R U Q G E L D D L I S P A E R E G O

S R A E M A N D I B L E U B I L A S V C A R

T R E H C P M U J U N B M F S L I M S H A E

Cartoon Characters

TOP CAT
YOGI
TWEETY
FAT ALBERT
GUMBY
MR. MAGOO
ROCKY
GEORGE JETSON
GRINCH
DARIA
MICKEY
BORIS
SYLVESTER
SPIKE
BUTCH
DAFFY
BALOO
PINK PANTHER
BUGS
FELIX
CHESIRE
BETTY BOOP
DARKWING
DUMBO
TIMON
OLIVE OIL
PUMBAA
WILE E COYOTE
FOGHORN LEGHORN
PORKY PIG
SCOOBY DOO
GOOFY
PLUTO
SEBASTIAN
WOODY WOODPECKER
GARFIELD
POPEYE
BRUTUS
DROOPY
DONALD
CAPTAIN HOOK
MIGHTY MOUSE
CASPER
HECKLE
JECKLE
PONGO
PERDITA

Cartoon Characters

R I R E V O C H E L R N S C O P Y A R S S W A

C A L I T E M A W L O S A U T I T O N E U O M

A S U I D A E H A T B O C C T I E B A H W L N

R S H U O L L E L A I T R A D U M B O L Y L N

O E C T Y E I Y E C N U A R S S R O L S O E B

L A T I D A V U F P I L E Y E F R B N N O Y R

E L U S E H E I P O T P L K A P E C U O G R Y

A B B L E A V U L T O R E C M E S I L L A U N

D U L C P V T Y L O E G C O P S E A G H M L H

D U K A S I L E B K U D O R D R B E C B R C O

S L R P O P E Y E S O D I L S R I R U N M A M

E A U A N E T S S L Y O I L U F O H R A B Y E

A Y N R I T E I L B F I H A S E R O C N O T E

L B T D E V I R O D Y C A N D I H U P A O A T

E M E B I K D O L T Y B A L I G N E M Y A D Y

M U L A U L C B E A M N A U E A O G O S L I R

O G L L O S B E G U N N Y L E T T C S E E M R

H G I H O R W A P R O A N E G G E P I L K M A

D L E P A T E E D D E R U R K E U F A P I T C

A E T O Y A L H I D O E M U L C R H E C P I F

N P T O R K U L T H O O N I B A I E F A S B I

C A R R C G R G G N E Y W A G O R M N E T A L

E C T E E L E O N N A C A Y E H L I B M L H I

G O J F A B F J P I H P O R D A T A L O N I O

O H F D I B L P E E W G K A P O S Y R R E G X

B E C C A L R A S T I K L N E T O M M F N L J

Y T R N O R E H T S S A R N I L L W A O F B U

T I O G I Y I T S A Y O O A L P O E P T U O M

O N F E R R S A F E F O N A D A F F Y G I S B

B A N S E U G C R G T N E M A N O L S H L O E

Authors

HANS CHRISTIAN ANDERSON
MAYA ANGELOU
LOUISA MAY ALCOTT
NAPOLEON HILL
EDGAR ALLAN POE
PAULO COELHO
ASTRID LINDGREN
STEPHEN R COVEY
HEMINGWAY
DICKENS
AESOP
CHRISTIE
HUXLEY
ALICE WALKER
FRANK
POTTER
CLEARY
C.S. LEWIS
DICKENSON
CARNEGIE
BALDACCI
KOONTZ
DR. SUESS
FITZGERALD
THOREAU
HOMER
ASIMOV
J.K. ROWLING
MICHENER
SALINGER
COCTEAU
ARCHER
GRISHAM
DEVERAUX
CHOPIN
FOLLET
WILDER
LORD BYRON
TWAIN
WILDE
KIPLING
STEPHEN KING
TENNESSEE
CLANCY
CAPOTE
WOOLF
CATHER
BLAKE
FAULKNER
PATTERSON
GALBRAITH
SPARKS
TOLSTOY
GOLDING

Authors

E M O S C A T U K E L P I B N O I T S U R C E S
I U N E A F R U C I H C U T J O I H Y R E H I S
Y M H O R O Y C H O H R E L V U S C N E O B P L
S H B A S O W T H R A K I T O N A N C M L A W A
R F N O T R N R I E G U G L A R E D E A R X U S
E K O S E I E S I N R U E Q U A D R E K D H U T
I L L A P O T D I S I G N S I N G B S O C L A H
M O N O H I A L N U N O R H A R I Z Y H C I A O
T I H T E A P O P A S T A W E L C H T R E C D B
E C T O N I C P A R N E C K O M I E G N O C B B
A R R I K O C Y E S E A L U L P O N A M O N O Y
A F E B I R A T A S T A I T S P A P G O T O L B
M I D A N M T H S E W S A T I K O H C E H U K A
O D L O G A V E H E A T W E S L I S O L R A D H
T R I A P I N O C M O A J L E I D U E G I L T C
S A W W I N E I A A I P B O V A R O R A F I S H
R A S S E N L Y N N M O N E C W C H I R A I R C
B T U T N A A L E I G H T A K O B I C R O C T A
E B O V R L T R A R I S P J L O K C B S L N O B
S U F C C I O A E L S O I U L L Y L A E N A L E
T S I O N L D T L N T W A W G F A H A T L A B I
E A T H F O T L S E E P I S E G E R A C K L H E
R T Z E A O R H I P X H T S I L Y S A E A E N M
D O G S P H A T I N M U C H I M S O I G M E G A
E N E M O H I M D A D G A I O R O C H I D L N E
N G R O V U E R A E T G A R M R U V N P I E I C
H G A U N F S N Y H O P R L E A E G O E C A L S
U R L T A U O C R L S U R E N V W A D U K R W A
B A D O E E N L D C L I Y A N A E L U C E N O D
E L O S H A T I L T O G R O Y H I D A H N E R O
A L S S L A N C G E C V A G O W R I T O S I K J
I N O C A G A B O Y T R E N K L U A F Y I G J B
W I L L I H M U G C N U F Y U N C O S K C A J O

Spiritual And Bible

GOD
SPIRITUAL
FORGIVE
COMFORT
CHARITY
HEAVEN
TEMPERANCE
RIGHTEOUSNESS
VIRTUE
ZION
LOVE
AARON
ARC
ALIVE
PRAY
WISDOM
GENEROSITY
PATIENCE
KINDNESS
HUMILITY
BRETHREN
REVELATION
PHILIPPIANS
EPHESIANS
CORINTHIANS
MATHEW
EZEKIEL
SOLOMON
ECCLESIASTES
PROVERBS
PSALMS
ANGEL
PEACE
GENESIS
ABRAHAM
LEVITICUS
EXODUS
HEBREWS
LORD
CHRIST
ACTS
JOHN
MALACHI
ZECHARIAH
DANIEL
ISAIAH
JOB
EZRA
JOSHUA
JUDGES
KINGS
AMOS
MARK
LUKE
PETER
SOUL

Spiritual And Bible

T E H G A R V A R E A S S H U R E T U C E S

V S B A R R B I P A N H T I L E H L U O S A

E A S I R R U Y R A F U S S E I C A K C I C

N C I C U Z E S I C O M I V P O H A K W L K

L A N R E J E P N N P I O W B A W C E V E R

F S T A U C P C C O I L N O B A T H A P G E

U G O D R I H A H R I I B E S C T I L L N T

K C G M L E A B N A T T U N R A B S E V A T

B E L I A R P L L A R Y A O M H A B I N E M

S A H V O S A M R E V I L L V O T R D I C M

S P E L A M S R E A H G A I E T A E O B A E

P N N O S Y M E I T A E R H E V P V R H A C

O B O J N A V I N O R T R E C H E O A B D J

L C M U S I M I N S U R C C E S A R H T E A

E B O R G A R E P E O C O S R A B P I C S E

C D L R V O A I S L L E I Y B A V A S A M I

S P O E C O R T H E G A T A G S I S E S L M

O F S A C I R H S O N I A H U G E S L L A S

K C I E T O V I J S S A M U G N T P E L S D

E R L U C I A P A O V U M C S I H S I E P T

E R A F A S G O R A S O C U M K R I N O S I

A L O M T T O E B T O H O I T S E D A M S L

L C W E B O N U N O S E U C T E N U D A E N

U E S A U E M K B E T W W A R I V E L I D E

N U T T G I X O C H S T E A K M V I K I R A

A T H H S O A O G U S I L R A G O E Y U O P

R R T A S I M I D A S I S A B U Z D L I L B

A I T S I F R I N U V O M O V E T I S I U Q

P V O T O A R H T E S A G O J O H N O I J F

K Y A R P A S T C A R R E T E P E N A N W K

R E T P B E C I E M T H G I T D L O H S S I

·inted in the United States
· Bookmasters